公正中立がメディアを殺す

放送レポート別冊

メディア総合研究所・放送レポート編集委員会［編］

大月書店

公正中立がメディアを殺す　もくじ

Ⅰ　憲法が保障する表現の自由とメディアの公正中立報道

I

憲法が保障する表現の自由とメディアの公正中立報道

1 安倍政権のメディア介入
求められる報道人の覚悟

原　寿雄

常任理事国入りは非戦・非核の大転換？

安倍首相は２０１５年９月の国連総会演説で、日本が国連常任理事国になれば、世界に大きな貢献ができる、と事実上立候補の意思を表明した。明けて16年1月25日、外務省はその実現を目指す戦略本部（本部長は外相）を設置、同じく常任理事国入りを目指すドイツ、インド、ブラジルとの連携を強める意向を固めた。

国連は第２次大戦が終わった翌１９４６年に、米英仏中露など戦勝国連合のリーダー諸国が創設した。その後70年間、この５大国が常任理事国となり、事実上の国連執行部として世界政治を主導してきた。敗戦国の日独伊枢軸同盟３国は、あとから参加を認められ、日本の加盟は国連ができてから10年後の１９５６年である。

国連創設の目的は、第１次大戦後の１９２０年に生まれた国際連盟が、やがて有名無実化した失敗に学びなから、国際平和の維持と安全を掲げ、国際紛争は平和的手段で解決するとの原則を規定した。侵略行為その他の破壊行為に対しては、集団的鎮圧措置をとる原則を規定している。

安倍首相は個人的にも、昔の日本を取り戻そうとする軍事大国への願望が強い。日本が世界政治に対して大きな発言権を持ちたいと望んでおり、国連をその舞台と考えている。

ところが、国連でいま世界政治を牛耳る5大国は、いずれも核保有国である。日本がその仲間入りするために「平和への抑止力としての核保有」を条件とされた場合、安倍首相は拒否することなく、日本の核武装への道が開けたとして、歓迎するのではなかろうか。

首相として受け入れたうえで、国民に核保有の必要性をアピールすることになるのだろう。そうなれば日本の国連常任理事国入りは、核に対する政策の大転換を意味することになり、非戦の憲法9条を高く掲げてきた戦後日本にとって、国策の一大転換となろう。

そんな重大な国是の変更を、特定の政権が閣議で勝手に決めるようなことを、許してはならない。衆参の国会議員にその自覚を強く要請したい。

ヒロシマからナガサキへ、世界で唯一原爆の洗礼を受けた日本は、あくまで非核国代表としての国連活動に徹底すべきである。そのことを改めて指摘し、強調し、そういう世論を形成したい。

この機会に、日本社会は国民的な大論議を繰り広げ、国会論議を十分尽くしたうえで、「非核国代表としての日本」の常任理事国入りを果たすべきだろう。

本来、核武装の米露中英仏5大国だけで国連を主導するのは、世界平和を目指す国連の在り方から考えても、不適切というべきだろう。日本の首相はどこまでも「非核」を主張しなければならない。日本は非核で世界をリードすべき、歴史的な責務を負っている。

「非核」が貫徹できなければ、政府も国民も、常任理事国入りを断念するべきだ、と主張したい。もし非核国の主張を軽視または無視するようなことがあれば、日本の存在を賭けても、厳しく反論しなければならない。日本は核拡散を徹底的に排除する運動の、先頭を切らねばならない。

今や「非核日本」は、戦力・戦争放棄の「憲法9条」とともに重要な国是である。「非戦」と「非核」は、全世界に向けて掲げられた、21世紀の最も先進的理念・目標である。

人類は核と共存できない。世界の人々はやがて日本に追随し、核の真実＝人間性に反する残虐な正体を知り、核兵器の放棄を迫られるに違いない。

ヒロシマ、ナガサキの洗礼・犠牲と引き換えに、日本は、他国民より一足早く核の真実＝大量死の残虐性、について教えられた。その歴史的経過を深刻に考えるべきだろう。悲惨極まる核の真実を、全人類に知らせるべき責務を日本は負っている。

憲法9条を誇りとしてきたはずの日本は、「非戦」と「非核」に殉じる志を、ためされている。それは人類史上の歴史的偉業と言えるものであり、日本は今、その正念場を迎えている。

創設以来70年を迎えた国連は、２０１６年の今年、執行部の再編成論が強まることも予想される。北半球に存在するオールドファッションの軍事大国だけが、常任理事国を独占する時代は終わりにすべき時が来ている。

常任理事国を倍増してブラジル、インドなど第3世界と言われてきた地域からも迎え入れ、さらに、今は代表ゼロのアフリカや中東地域からも代表が選出されるべきである。そういう論議が起きて当然だろう。日本の常任理事国選出はあくまで、第2次大戦までの戦犯国の厳しい反省のうえで、謙虚に実現しなければならない。

日本にはその資格があると言えるのかどうか？　日本はそれほど世界から信用されているだろうか。日本の戦後民主主義の内容＝実体について、国際的に評価されるに値するのかどうかを、我々はこの機会に自己検証すべきではないだろうか。

言論・表現の自由はどこまで保障されている

民主主義の質と量を測り、国際的に比較するバロメーターは、いろいろ考えられるが、民主主義の基盤的条件である言論表現の自由が、どこまで法的、社会的に保障されているか、その実態の検証を基準とするのが最も妥当と考える。

言論表現の自由は、世界中の市民一人ひとりにとって、不可欠で普遍的な基本的人権であり、グローバル民主主義時代の根源的な基礎である。言論表現の自由という、基本的人権の要《かなめ》の権利を保障しない、そういう非民主主義的な国が、21世紀の国連で発言権を持つような状況は、許されない。

世界中でいま、言論表現の自由を最も厳格に保障するのは、米修正憲法第1条であろう。1791年の修正第1条は米合衆国議会の権能について、「言論もしくは出版の自由または人民が平穏に集会し、不平の解消を求めて政府に請願する権利を奪う法律を制定してはならない」と規定している。「言論表現の自由」の保障を憲法の第1条に規定する米国憲法こそ、民主主義的な21世紀憲法のモデルというべきだろう。

日本は第2次大戦に敗北した後の現行新憲法でも、明治天皇制下に作られた旧大日本帝国憲法と全く同じに、第1章を「天皇」としている。あらためて新憲法を開いて見て、条文配列の旧態依然たる姿に、日本指導者層の思想の保守性を、再確認させせられる思いである。

しかも、その第1条に天皇の「地位・国民主権」を規定しているのは、依然、天皇制の歴史の名残りをとどめておきたい、との支配層の意図がうかがわれる。民主主義時代の表徴である市民運動としての護憲運動は、この点について今後とも、十分留意しなければならないだろう。

旧明治憲法も第29条で「日本臣民は法律の範囲内において言論著作印行集会及び結社の自由を有す」と規定していたが、天皇名による「勅令」が容易に法律化されたので、特異な国体擁護を口実に、勅令による治安取締りが横行した。

「勅令」とは天皇が国民の生殺与奪の権限を独占し、隷属する臣民に下す、命令のことである。勅令に反することは反逆罪として重罪に値するとされてきた。

日本は明治以降の近代化の中で、せっかく基本的人権を法的に保障されながら、実態としての言論表現の自由は、歴代政府が伝統的な専制思想を受け継いだままに、ないがしろにされ、有名無実化してしまった。明治以降も人権侵害は、権力の思うまま、ほしいままになされてきた。無法時代と同じと言えるほど、甚だしい人権侵害が、第2次大戦の終わる1945年夏まで続いた。長い間、権力による人権侵害が人民を苦しめた歴史事実は、否定しようもない。それほど日本は近代以降も、世界に冠たる野蛮国だったのである。

1925年の治安維持法は、大正デモクラシーから昭和国家主義＝軍国主義への転機となった1917年のロシア革命を機に、制定された。共産主義思想が国際的に広がり、日本もその対策として、私有財産制と天皇制の護持を主目的としたのが、この治安対策法だった。言動だけでなく、思想そのものを刑罰の対象とした点で注目され、人権無視の反人民的な取り締まり法の中でも、最悪の人権侵害法制だった。

私有財産を社会の共有にしようとする共産主義や、天皇制反対の言動はもとより、事実上、思想そのものを刑罰の対象とした恐るべき治安対策法となった。法制定の当初は最高刑が無期懲役だったが、昭和の初めに死刑も導入され、明治以降の日本近代史の中でも、最悪の基本的人権侵害法制となった。

第2次大戦後の新憲法12条には、「国民の自由及び権利は常に公共の福祉のためにこれを利用する責任を負う」とあり、この規定は要注意である。

明治・大正・昭和史を顧みると、日本の歴代政府はしばしばこの「公共福祉論」に依拠して、国体擁護だけでなく、政府批判的な言動を取り締まってきたからである。

言論表現の自由保障は、個人の人格の尊厳を保障するものである。それなのに、自由や個人主義の歴史が浅く、全体主義意識の根強い日本社会では、戦後民主主義を70年も体験してきたにもかかわらず、いまだに、その重要性が十分自覚されていない。そう観察すべき状況にある。

ジャーナリズムの自由はどこにあるのか

民主主義とは、民衆一人ひとりが社会の主人公となることである。それなのに、被支配者の奴隷根性が今なお、日本社会の底辺に根強いのはなぜか？

明治維新以来、日本社会は政治社会制度としての近代化を形式上実現しながら、人間復興のルネッサンスを経ていないためではないか？　と考えることができよう。人間としての基本的権利となる言論表現の自由の保障は、人間の尊厳保障に不可欠な条件である。

１９２５年前後を転機に、大正デモクラシーが昭和軍国主義に転向したのは、政治・社会制度の近代化を急ぎながら、日本が、この人間性復興のためのルネッサンスを欠いていたからだ、と思えてならない。

もちろん、日本特有の国体論から、天皇制絶対主義の厳しい人民統制の思想と社会構造がバックにあった、その点を軽視すべきではない。だが、人間性の近代化を忘れた政治制度だけの近代化は脆いことを、大正民主主義の挫折は証明している。

大正デモクラシーが敗北、昭和の軍国主義に転向した要因を振り返るときに、この点の認識が欠けてはならないと思う。国体主義への考え方、対応がその分岐点だった。天皇制への賛否がその踏み絵になってきた。

天皇制絶対主義下の日本は、歴代保守政権が政権基盤のぜい弱さもあって、政府批判に神経質となり、自由なジャーナリズムによる権力チェックを、敵視することが多かった。

大正時代と昭和時代に起きた二つの世界大戦後のいまも、そのDNAを持続していると見ておかねばならない。これも日本特有の国体論を背景にした思い過ごしの結果ではないか、と言える点が少なくない。

国体主義尊重は、明治・大正・昭和の三代にわたって、近代日本の思想の自由を深刻に歪めてしまった。戦前の日本の知識人を分裂に導き、多くの識者を転向させたのも、この国体主義が踏み絵となったと言えよう。

戦後の現在、私自身が「国とは何か」「国民を超えるとは何か」「日本人をやめて人間一般になる道はなにか」など、国家を超越し、地球市民としての人間一般に戻る道を模索し続けた背景には、こういう「国家と個人」をめぐる葛藤があった。私個人にとってのルネッサンスの要求である。

90歳を過ぎた今も、劇作家・詩人の寺山修司が18歳の時に詠んだ短歌

「マッチ擦る束の間海に霧深し　身捨つるほどの祖国はありや」

を時折、独り呟くのも、その延長線上の思いと言えるだろう。

私は戦時中、国家主義教育にはぐくまれた純朴な軍国主義者・天皇教徒だった。志願して海軍経理学校に入り、1年弱を海軍士官候補生として体験中、終戦を迎えた。復員後は旧制高校と東大法学部のほぼ5年間でリベラルに転向し、一時期は社会主義幻想に魅せられたが、多様な思潮の激動時代に翻弄されながら、結局、個人が自律の責任を負う自由主義が、最も魅力のあるものとの結論に達した。

しかし、戦時中の国体主義一辺倒への反省から、戦後は何事も相対主義的に考察する原則を立て、その姿勢を大事にしてきた。軍国主義教育に汚染され、人間としての普遍的な基礎教養が不足しているとの自覚も強く、

戦後は乱読乱考の果てに、自由主義者として生きようと志した。ジャーナリストを志望して天職にしたのも、自由への憧れのためだった。

大正民主主義は、独善的な天皇制国体主義によって滅ぼされた、と言うことができるように思う。民主主義を敵視する政権は、最初にジャーナリズムの自由を奪おうとすることも、十分に体得、認識した。ジャーナリズムの自由の重要性も、いかに的確に理解、対処しなければならないかを、教えられた。

大正民主主義の挫折に見るこの歴史的な教訓から、近代化を経た国の為政者は最低限、ジャーナリズムの存在意義について、肯定的に考える必要があることを指摘したい。

言論表現の自由は、民主主義の絶対的な前提条件である。この点はいくら強調しても、重視しても、し過ぎることがない。言論報道の自由のない民主主義はあり得ない。

「権力は必ず腐敗する、絶対権力は絶対的に腐敗する」「権力に対する厳しい監視・チェック役の存在は、いつの時代にも不可欠だ」という、歴史的教訓の原点も叩き込まれた。

政治家たる支配者も、権力に隷属しやすい被支配者大衆も、この点の基本認識を、決して忘れるべきではない。特に奴隷根性が身に付いてしまったと、評価される日本の人民大衆は、ことさらに強く自覚、自戒しなければならないと思う。

ジャーナリズムは、その権力監視のためにこそある——というのが近代社会の常識となってきた。ジャーナリズムについて、近代化のプロモーターとして評価する一方、そういう理解に達しないかぎり、日本の真の民主主義は発展しない。

こういう観点から見て、最近の安倍政権による報道機関への権力介入は、決して黙過することのできない、重大な事件である。

言論報道機関への権力介入は、民衆に代わって権力チェック役を自任するジャーナリズムを、国会制定の法規に依らず、政府の自由な判断で、行政的に排除しようとするものである。政治権力者によるこんな振る舞いは、民主主義に逆行する歴史的な時代錯誤と、言わなければならない。

にもかかわらず、権力の座にある安倍首相の最近の言動には、批判的な世論を意識的に無視して、独裁体制づくりへの道を夢見ている疑いを、禁じ得ない。日本のジャーナリズムは、この種の独善的な政治の動きを、徹底的に批判、排除しなければならない。

しかし、夜ごと赤坂界隈でメディア各社の首脳陣が、安倍首相を招いて親しく懇談している現状は、被支配者民衆の利益に沿うためのものとは思えない。懇談の狙いは、権力の意思を民衆に理解させる談合が、そのほとんどではないか、と疑いを持たざるを得ない。ジャーナリズムの首脳＝メディア・トップたちが、時の政権トップと会談するなら、数行の人事短信で済ますべきではなかろう。あくまでも取材の一種であり、その結果として首相の発言内容と背景を報道、解説すべきではないか、と問いたい。

日本に革命やクーデターの兆しは当面、見当たらない。ナチスのヒットラーによるドイツの独裁ファッショは、１９３３年、平穏な議会主義の中で実現した。欧州のようなテロ事件もなく、一見天下泰平の日本の現状では、静かな議会主義の中で起きるナチス型独裁再現の方が、より現実上の心配テーマになると思われる。日本最大の右翼組織である日本会議の議員連盟に自民党議員が大量に参加している現実を考慮すると、突如起きるかも知れないこの種の事件こそ、今の日本では優先的に警戒すべき課題かもしれない。

21世紀初めの日本政治の現状は、一強多弱で安倍自民党首相の独裁傾向を強め、世論が賛否二元論に分かれて、対立を際立たせている時代である。社会の多様な価値観を反映する多様な見解の中から、世論の総意をまとめてゆこうとする民主主義は、次第に熟してきたと言える。にもかかわらず、その裏でジャーナリズムも政治も劣化が進み、ある日、永田町が急変するようなことが、起きはしないだろうか。それが心配である。

政治から独立していないメディアをジャーナリズムと呼ばない

安倍政権が2014年1月、NHK会長に起用した籾井勝人元三井物産副社長は、就任時に「政府が右と言っているものを左と言うわけにはいかない」と発言、政府の考えに追随するのがマスメディア、特にNHKにとっての正道であるかのような、意向を表明した。

ここにはNHKについて、その財政が視聴者の分担金で賄われている実態も深く考えず、税金でNHKが運営される政府機関の一種、とみる錯覚がうかがわれる。

個人的資質の点でも、公共放送の責任者として不適任とみられた籾井会長に対しては、就任時から罷免要求が起きており、NHK関係者を中心とする「放送を語る会」のリーダーシップによって、今も続けられている。

安倍首相は自分の同志として、政治的思惑から籾井会長を強行起用したのに、目的を達するどころか、トラブルをNHKに持ち込んでしまった。今ではその責任が追及されてしかるべきだろう。

就任以後の言動を含めて私も、籾井会長罷免に賛同する。籾井会長は、公共放送の責任者としてふさわしいとは思えない。マスメディアの世界で、英国の公共放送BBCに次いで高い評価を受けてきたNHKのトップには、不適切な人物と言うべきである。

権力からの自由と独立を守り、メディアとしての自律を強めるには、その会長ポストに優れた見識を持ち、自律の力量豊かな人材が不可欠と思う。

放送法ではNHK会長の選出について、首相のイニシアチブと国会での承認を求めているが、本来は国と全く関係を持たない民営のNHKである。自ら独立の全国的な視聴者代表会議を開いて、役員人事も予算も公開の論議の中から選出、決定されるべきだろう。

その実行には面倒な手続きと高いコストがかかるから、その代行機関として便宜的に国会が当てられ、NHKの会長人事は首相指名と国会の承認を受ける規定になっている。予算・決算も国会の承認が要る。

NHKについては、自身の世論調査（1997年）の結果を見ても、「国の機関」と答えた人が29％、「半官半民」23％弱、「特殊な公共事業体」との正当な答えは、35％弱となっている。多くの人が「何らかの点で国と関係あり」との認識を示しているのは、その後もあまり変化していないとみられる。

公共放送NHKは、私企業でも国営でもない、視聴者の分担金で支えられている特別な公共事業体である。構造の本質は極めて民主的である。その現状は政府と視聴者による綱引き状態であり、放送内容をめぐって「権力と視聴者の挟撃」という事態に遭遇していると言えよう。

この両者間の緊張関係の中でNHKの番組コンテンツが決まってゆくのは、民主主義社会の放送機関として理想的、と理解し評価すべきだろう。それだけに政府の権力的な直接介入は、厳に慎むべきものである。

英国のBBC放送に次いで、世界的に見ても大規模なNHKはいま、政府御用の放送局に傾くか、その動きに抵抗して民衆の側に足場を置いた民主的な公共放送になるか、その別れ道に立っている。安倍首相がNHKに並々ならぬ関心を寄せて、幹部人事に介入したがるのは、そのためである。

昨2015年4月、自民党通信戦略調査会は、NHKとテレビ朝日の番組について、幹部を呼んで事情聴取した。

NHKについては、時事問題を深く究明する番組「クローズアップ現代」が、多重債務をめぐる詐欺事件を取り上げた番組の中で、「やらせ」があった疑いを持たれた。

テレ朝については、「報道ステーション」で元通産省官僚の出演者が「首相官邸からの圧力により降板させられた」との暴露発言をし、首相官邸で問題視された。

この種、個別の番組内容を政権与党が政治問題化するのは、放送法が保障する放送の自由に反する。権力によるこんな介入は放置すべきではない。各放送局とも、毅然と拒絶しなければならない。民放に資本参加しているところが多い新聞界も、責任を負っている。それぞれの主張を積極的に展開すべきだろう。

民放界にはその原則が確立していないのか。両メディアとも権力が求めた事情聴取を、拒絶しなかったのは問題である。ジャーナリズムとしては重大な過失と考え、経営者の対応の責任を追及したい。

メディアが、本来は批判の対象にすべき政党に、逆に呼ばれて調べられるなど、本末転倒ではないか。これでは、「自由・独立」であるべきジャーナリズムが、政府に従属していると見られ、「御用機関」の非難を受けても、反論できないだろう。

ジャーナリズム倫理にももとる、報道機関としての原則違反である。政治からの独立と自由を、毅然として行使できないメディアを、ジャーナリズムと呼ぶことはできない。それだけでジャーナリズム失格と、言わなければならない。

ニュース源であり、日常的に批判すべき対象である政権与党に、逆に呼ばれて事情聴取されるとはなにごとか。こんな受け身の低姿勢は、ジャーナリズムが政治に隷属する姿を露呈したもので、歴史的屈辱と考えるべきものである。

批判対象の相手に呼びつけられて安易に応じるとは、主体性放棄ではないか。独立、自律を掲げるジャーナリズムにとっては、あるまじきこと。しかも素直に応じたという事実は、今後、政権が随時に政治的介入できる実績を作ってしまった。民放界としては後々まで悔やまざるを得ない、重大な失策と言わねばならない。

自民党の目的は、与党としての権力を背景にメディアを威圧し、自民党批判を未然に防止することにある。

誰の目にも明々白々な意図的権力介入である。

自由なジャーナリズムを標榜するメディアは、新聞と言わず放送と言わず、政治権力との距離を常時、厳格に保持しなければならない。そのことを改めて強く主張して、ジャーナリズム全体に、厳しい反省と、毅然とした対応の原則を再確認するよう求めたい。

ジャーナリズムと歴代政権との距離の取り方について私自身は、1970年代末から80年代初期の共同通信編集局長時代、最低限「肩を組めない距離の保持」と言ってきた。

ジャーナリズムはニュース源とどんなに親しくなり、飲食をともにして酔うようなことがあっても、「決して肩を組む仲間となってはならない」というモラルである。権力との距離をゼロにして癒着すれば、ジャーナリズムは成り立たない。そのことを改めて厳しく警告したい。

歴代政権は常に、マスメディアとの親和性を保持しよう、とあの手この手の対策、工作に努める。ニュースソース側が、公的要人を赤坂や銀座に招待して昵懇になろうとするのは、長い間、慣行化してきた。メディアの要人と官庁の要人が同志的に連帯感を強めて、国の行政を展開するのが日本的スタイルと特徴視され、評価されてもきた。両者の連帯行動が日本民主主義の仕組み、とまでなっていると言えるだろう。

NHK会長に安倍首相と近い保守派の籾井起用は、メディア・トップ人事への首相権力による直接介入である。安倍首相としては、日本最大の影響力を持つ公共放送NHKを、政府と親和的にしたいとの思惑が見え見えである。親和的にするとは、しばしば「御用化」の意味に他ならない。

政治的狙いの明らかなこういう人事を、白昼堂々と権力者が敢行しようとしたのは、民主主義を公然と踏みにじるものだが、安倍首相にそういう人事をしても「問題ない」と思わせたのは何か。

最近のジャーナリズム全体が、権力批判の意欲も取材力も劣化して、政治家たちに甘く見られたからに違いない。メディア各社のトップたちが最近は、「安倍首相との夜の懇親会を求めて、首相官邸記者や政治部長たちが首相ににじり寄っている」と囁かれている。

記者たちは、政治リーダーたちと対等平等の取材ができているのだろうか、疑わしい。ジャーナリズムがここまで低姿勢では、多くの場合、安倍首相に会談の主導権を奪われているのではなかろうか。

以上のような私のコメントは偏見にすぎない——との事実による否定的反論を、関係者の口から聞きたいものである。だが私の見聞した体験などもふくめて、「否定しきれない」と言わざるを得ない。そのような慣行を生み、長い間続けてきたのには、私自身も一端の責任を感じているが、背景に日本的な政治風土の影響も指摘できる。

そのことを自覚しながら、ジャーナリズムはその風土を改革して、より民主主義にふさわしい姿に改善する努力を、一段と強める必要があると言いたい。

しかし、報道機関のトップたちが、自ら首相との夜の懇親会の機会を求め、争ってそれを熱望するというのは、それ自体で、権力への隷属姿勢を示すことに他ならない。

ジャーナリズムが、以上のような現状でよいわけはない。日本の民主主義の将来が危ぶまれる、と言っても過言ではあるまい。いや将来の話ではない。現状の民主主義はすでに、ここまで堕落していると自覚して、日本の政治ジャーナリズムに対し、根源的な改革を要請したい。

戦前のメディア・トップたちの中には、現職時に首相と懇親会食の機会を持つことをタブーとした者もいた、と伝えられている。ジャーナリズムの幹部には、そのくらいの節度が求められて当然、と私は今も考える。

社会の改善にとってジャーナリズムの期待は大きい

現状のように、政治権力とジャーナリズムの常時親しい関係の下では、安倍首相側が主導を握りやすい。首相にとっては、随時メディアの選別利用が可能となろう。敢えて言えば、この状況は、ジャーナリズムが全体として、安倍政権による世論操作の御用機関化しつつある、ということではないのか。少なくとも、その危険性は否定できない。

メディアによる世論形成の現状は、安倍政権下で新しい様相を呈している、と認識せざるを得ない。少なくともその大きな危険性が表れている、と警告したい。

日米安保関連法制に対する批判的なマスメディアへの工作は、陰に陽に進められている。2015年6月、安倍首相に近い若手議員が自民党本部で開いた文化芸術懇話会では、議員側から「経団連を通じメディアの広告スポンサーを拒否する動きを広めよう」との提案が出た。日米安保体制への批判に固執し続けるマスコミに対しては、広告収入の面からその糧道を断つ戦術である。

日本新聞労働組合連合の機関紙「新聞労連」1月1日号によると、特に沖縄タイムスと琉球新報に対しては、自民党議員から敵視する暴言があり、「沖縄の世論はゆがんでいる」との非難の声も出たという。

講師に呼ばれた右派作家の百田尚樹は、「世論をゆがめている二つの新聞は絶対、潰さなあかん」と発言、これに対して沖縄タイムス、琉球新報両紙の編集局長が連名で抗議声明を出した。地方各紙も抗議声明を次々に発表している。

山形新聞は「言論封殺の暴挙を許すな」との、社長名の緊急声明を第1面に掲げた。沖縄両紙は足並み揃え、大々的に反論キャンペーンを展開している。

新聞や放送への批判は自由でなければならないが、特定のメディアを名指しで排撃し、その存在まで奪おうとするのは、ジャーナリズムの多様性価値を忘れた暴論である。そのことを警告したい。

大陸欧州では、ドイツや北欧諸国のように、ジャーリズムの多様性確保のために、国が税金で弱小紙を補助、支援する法制度まである。日本では国から補助を受けるようなメディアは軽蔑され、存続自体が不可能になるだろう。ジャーナリズムと公共性をめぐる考え方が大きく違う。日本では考えられないほど、欧州、とくに大陸欧州では公共性が重視されている思想の反映である。

ジャーナリズムに自由主義の競争原理を適用するにあたり、ものの見方、考え方の多様性を重視する社会と、自由競争の結果は競争者の責任とする考え方の違いである。

歴史的伝統として、公共性を特に重視する大陸欧州では、自由の行使に、公共性原理の優先を条件づけている。

どちらを選ぶかは社会の選択である。アメリカ大陸の自由優先vs欧州大陸の公共性優先の対立は、いつの日か世界中に大きな影響を与える衝突になるだろう。その衝突が言論の枠内にとどまり、戦争にならないことを期待したい。

日本社会では右翼・右派と革新派の二元対立が激化している。事実に基づく批判である限り、ジャーナリズムは、両者の言動を報道、解説すべきだろう。批判を受けたら反省すべきは謙虚に改め、反論すべきは的確に反論し、読者・視聴者とコミュニケーションを進めるその中で、ジャーナリズムの質的レベルアップをはかる、機会とすればよい。

読者・視聴者は、ジャーナリズムの改善に必要なパートナーである。批判は、そのメディアに対する期待の反映である点を、忘れてはならない。新しいメディアの出現は、多様性を強める要素として歓迎すべきだろう。

ジャーナリズムはそれぞれの主張を展開することによって、多様な世論形成に寄与できることを期待している。いまメディアにとって大事な点は、目配りの効いた多様性の実現、推進だろう。過当競争によるジャーナリズムの質の劣化は、避けるべきだが、それは自律の強化によって解決すべきである。

多メディア時代がもたらす紙の新聞の経営危機に対しては、公共資金による支援が必要になるかもしれない。日本でも、公共的なメディア支援の論議を迫られる時が、不可避だろう。

電子ネットワーク時代がどんなに進み、拡大しても、社会の現実を批判的に報道・考察し、権力をチェックできるジャーナリズムの存在意義は消えない。社会の改善にとって、ジャーナリズムへの期待が消えることのないよう、関係者に努力と覚悟を求めたい。

（はら　としを・元共同通信編集主幹）

2 表現の自由の危機
安倍政権の放送規制強化を糾弾する

松田　浩

加速化する政権の放送規制

日本の放送が、危機に立たされている！

それは安倍政権と与党・自民党が、本来、放送の政府からの独立と自由・自律を保障した放送法の理念に反し、放送事業者の精神・倫理規定にほかならない「放送番組編集準則」を放送取締りの実効規定（罰則規定）であるかのように強弁し、同条項を法的根拠にして放送への政治介入と規制を露骨にエスカレートさせつつあるからである。

このままでは、〝放送の自由と自律〟を保障した放送法第３条は空文化し、放送法が〝放送取り締まり法〟に変質しかねない。まさに戦後民主主義の危機なのである。

放送倫理・番組向上機構（ＢＰＯ）の放送倫理検証委員会がＮＨＫ「クローズアップ現代」のやらせ疑惑を

巡って「(NHKに)重大な放送倫理違反があった」と意見書を公表、あわせて政府や自民党の「政治介入」に厳しく警告を発したことをきっかけに、政府・自民党が放送法第4条の「放送番組編集準則」を「放送事業者のための倫理規定」ではなく「(法的実効性をもった)法規定」だとして、政府による「行政指導」や「政治介入」を積極的に合理化する動きを加速化しはじめたのが、そもそもの始まりだった。

「単なる倫理規定ではなく法規であり、法規に違反しているのだから、担当官庁が法にのっとって対応するのは当然だ」。安倍晋三首相は昨2015年11月10日の衆院予算委員会で、高市早苗総務相が「クローズアップ現代」の問題で、NHKに「厳重注意」の行政指導をしたことの正当性を強調した。自民党情報通信戦略調査会がNHK幹部にヒアリングしたことについても「NHK予算を承認する責任がある国会議員が(放送が)事実を曲げているかどうかについて議論するのは至極当然」と答弁している。

さらに直近では、高市総務相が2016年2月8日の衆院予算委員会で、「放送局が政治的に公平でない放送を繰り返したと判断した場合、電波法第76条に基づいて電波停止を命じる可能性がある」と電波停止に言及していることが、重大だ。高市総務相はその後の国会答弁や記者会見でも「公正な放送が行われない、そして改善措置もなされないというときに、(電波停止の)罰則規定を一切適用しないということは担保できない」などの発言を繰り返しており、安倍首相、菅官房長官とも、その都度、この高市発言を追認している。

この間、総務省が放送法の「政治的公平」の解釈に関する政府の新統一見解を公表(2月12日)、「一つ一つの番組を見て、全体を判断する」と従来の「放送活動全体を通じて判断する」から一つの番組を取り上げて問題にする方向に解釈を微妙にズラしてきている点も見逃せない。高市氏は同日の記者会見でも「必要な場合、放送を所管する立場から対応を行う」と述べ、改めて電波停止を命じる可能性を示唆している。これらは、いずれも自由な報道活動に対するあからさまな〝威嚇〟であり、憲法違反の問題発言というほかない。

なぜなら、これら高市総務相の一連の発言は、「何人（なんぴと）からも干渉され、または規律されることがない」と〝放送の自由と自律〟を定めた放送法第3条に明確に違反しているからである。それは言論・表現の自由を保障した憲法第21条をも踏みにじる発言といわねばならない。

高市発言の誤りは、大きく2点ある。

第一に、放送法第4条にいう「政治的公平」や「多くの角度から論点を明らかにすること」など4項目からなる「放送番組編集準則」は、「放送の自由と自律」と「放送の公共性の実現」という放送法の二大原則を〝政府の介入を排除〟しつつ整合的に充足するために工夫された制度的仕組みで、放送事業者が指針とすべき精神・倫理規定（言論法学者の多数意見）というのが本来の位置づけだからだ。

第二に電波法についていえば、これは後に詳述するように〝施設免許〟が建て前で、無線局の運用や放送設備、技術に関する免許基準を定めた法律なのだ。この電波法を放送内容と関連させて処分を論じること自体が論外というほかない。

だからこそ、電波法第76条に「免許停止」条項はあるものの、政府が放送内容にかかわってこれを適用したことは過去一回もなかったのである。

今回の高市発言は、安倍政権の憲法じゅうりん型の強権的政治姿勢が言論・報道分野にも及んできたという意味でも、見過ごせない動きといわなければならない。

そこで、これらすべての法的根拠に使われている放送法第4条の「放送番組編集準則」について、あらためて見ておこう。それは次の条文からなっている。

《第四条　放送事業者は、国内放送及び内外放送（以下「国内放送等」という。）の放送番組の編集に当たつては、次の各号の定めるところによらなければならない。

一　公安及び善良な風俗を害しないこと。
二　政治的に公平であること。
三　報道は事実をまげないですること。
四　意見が対立している問題については、できるだけ多くの角度から論点を明らかにすること。》

いま進行しつつある問題の本質は一体どこにあるのか。この点を解明するうえで決定的に重要なのは、そもそも1950年制定の現放送法とは、いかなる法律で、放送法の核心となる法理念は一体、何なのか、「放送番組編集準則」はどのような議論を経て、またどのような法的位置づけのもとに放送法に盛り込まれたのか——この点に関する検証が絶対に欠かせない。

周知のように現放送法は、戦後放送民主化の制度的総仕上げとして当時、日本の占領統治にあたったGHQ（連合国最高司令官総司令部＝最高責任者・マッカーサー元帥）の指導のもとで進められ、3年余の紆余曲折を経て1950年の電波三法（電波法、放送法、電波監理委員会設置法）に結実した。

では、電波三法とは、どういう法律であったのか。

電波三法の特徴は、大きく次の3点に集約できる。

第一は、放送の政府からの独立を保障するため、放送法の第3条で「放送番組は、法律に定める権限に基づく場合でなければ、何人からも干渉され、又は規律されることがない」（放送番組編集の自由）と「放送の自由」と「自律」の大原則を明文で規定すると同時に、放送行政の面で政府からの独立を制度的に保障するためアメリカの連邦通信委員会（FCC）にならって、いわゆる独立行政委員会制度（正確にいえば「独立規制委員会」制度）を導入したことである。

第二は、民間放送（商業放送）の開設に道を開き、放送に多元性と競争の原理を導入したことだ。これによって、それまでの社団法人「日本放送協会」(現・NHK)による放送の単一独占体制が崩れ、受信料によって支えられる公共放送事業体(NHK)と広告費等を財源とする民間放送(商業放送)という構成原理を異にした2種類の放送の併存競争体制が実現することになった点が重要である。

第三の特徴は、放送免許の仕組みとして、放送法による事業免許制ではなく、〝施設免許〟という電波法によって免許を与える制度を採用していることである。これは、国民だれもが技術面での施設基準さえ満たせば原則的に放送事業に参入できるという「放送事業の自由」の理念に立脚していることと、行政側の監督権を技術面の施設基準や周波数、混信の問題の範囲に限定することで、行政が免許権限を使って放送の中身に介入することを防ぐという意図によるものだった。

電波三法の特徴は以上の3点だが、なかでも最大の眼目は、「放送の不偏不党、真実及び自律を保障することによって、放送による表現の自由を確保すること」「放送に携わる者の職責を明らかにすることによつて、放送が健全な民主主義の発達に資するようにすること」(放送法第一条から)などの「目的」を実現するため、電波・放送行政を政府から切り離し、民間人からなる合議制の独立規制行政機関、電波監理委員会に委ねることによって、それまでの政府大臣による独任制行政の弊害を防ぎ、「放送の自由」と権力からの放送の「独立」および「自律」を制度的に保障したことだといっていい。

つまり、放送法第3条の明文規定による「自律」の保障、電波法による「施設免許制」、それをさらに民間人からなる合議制の電波監理委員会が、政府から独立した条文解釈権と電波・放送行政権の運用によって制度的に保障するという三位一体の形で、放送の「自由」と「自律」を二重三重に保障する構造になっていた点が、最大の特徴だった。

重要なのは、電波三法の制定が、敗戦後の日本の、アメリカ軍による占領政策の大きな一環として、つまりポツダム宣言が定めた「日本の民主化」、それに欠かせない放送の民主化の重要な核になる「戦後放送改革」の総仕上げとしての意味を持っていた事実である。

「戦後放送改革」は、戦前の日本の放送の負の歴史を教訓にして進められた。電波や放送を国家の所有物・管理物とみなす戦前的価値観を一八〇度転換し、国民主権の立場から電波の民主的で公正な運用と放送の政府からの独立を制度的に保障し、それによって放送を「民主社会の公共メディア」として確立することをめざしたのが、電波三法の制定だったということができる。

それは国民の側からいえば、新憲法が保障した言論・表現の自由、基本的人権、そして平和……といった新しい戦後民主主義社会への期待に応える制度改革でもあったのである。

では、そうした1950年制定放送法の制定過程で、問題の「放送番組編集準則」はどのような政治力学のもとで、どのような議論を経て、いかなる制度的位置づけで放送法の条文に盛り込まれることになったのだろうか。

電波三法をめぐる〝せめぎ合い〟

ここで、電波三法制定の過程で起きた大きな政治情勢の変化について触れておかなければならない。それはアメリカ占領政策の、「日本の民主化」から「日本の反共基地化」への転換である。その政治的背景になったのは、極東アジアでの政治情勢の変化（北朝鮮での金日成・共産党政権の樹立、中国大陸での国共内戦のすえの共産軍の勝利・中国共産党政権成立の可能性）だった。占領政策の転換は日本国内の政治情勢やGHQと日本政府の間の力学関係にも大きな変化を与えずにはおかなかった。1948年11月には岸信介らA級戦犯容疑者19人が釈放され、政界、財界、マスコミ界など広範な分野にわたって旧支配層の社会復帰が目立った。そうしたいわゆる政治的〝逆コース〟のなかで、政府や逓信官僚の間にも放送制度民主化の慣れに逆行して、戦前型の放送管理体制復活をめざす動きが強まってきたのである。

同じ旧ファシズム枢軸国の敗戦国でも、アメリカの直接占領統治が行われた西ドイツと異なり、日本の場合は、旧天皇制統治機構を温存したまま日本政府を使って占領政策や民主化を推進するという間接統治方式がとられた。

当初、アメリカの初期占領政策は実力による民主主義革命をも支持したきわめて急進的なものだった。1945年9月22日のいわゆる「ホワイトハウス指令」(SWNCC・150/4/A)はマッカーサー元帥に宛てた次のような文言で綴られていた。

「(連合国の)政策は日本における現在の政治形態を利用するのであって、これを支持するものではない。政府の封建的および権威主義傾向を修正しようとする変更は許容され且つ支持される。このような変更の実現のために日本国国民または政府がその反対者に対して実力を行使する場合には、貴官は最高司令官として貴官の軍隊の安全および他の一切の占領目的達成を確実にするに必要な場合にのみ干渉すべきである」

GHQがNHK改革のために発足させた顧問委員会、いわゆる「放送委員会」の人選にあたって、逓信院総裁の松前重義が提出した候補者メンバーが、ほとんど退けられ、代わりに「GHQ側が選んだメンバーの7〜8割は共産党員かその同調者だった」という松前の証言(拙著『ドキュメント放送戦後史 I』)は、その辺の事情を物語っている。戦争に反対した共産党員や自由主義的な学者、知識人、クリスチャンなど、軍国主義に批判的だった人達を中心に民主化推進勢力を育成し、「ポツダム宣言」がめざした日本の非軍国主義化、民主化を図ろうとしたのが、アメリカの初期占領方針だったからである。

だが、「日本の反共基地化」への政策転換によって、事態は一変する。レッドパージによって民主化の推進勢力だったNHK労組（放送単一）を含む産別労働組合勢力は職場を追われ、放送委員会もGHQの後ろ盾を失って1949年4月には解散を余儀なくされる。戦後日本の民主化は、こうして道半ばで挫折することになるのである。

そのことが、統治機構だけでなくマスメディアの領域でもファシズムや戦争に協力したメディア、ジャーナリストをすべて解散・追放し、新たに戦後を再出発させたドイツと、旧統治機構やメディアがそのまま温存され、しかも民主化半ばで一度追放された戦前派リーダーたち（前記・岸信介や正力松太郎ら）が政・マスコミ界の第一線に堂々と復帰するという日本の戦後の違いを生み、それが今日に至るまで戦前の歴史の精算の面でも日独両国の対照的な違いにつながっていることは、周知の通りである。

実は、そのことが、現在、進行している安倍政権による「戦後レジームからの脱却」を掲げた憲法改正への流れや安保関連法の強行、さらに放送法理念の実質空文化に通じる「放送番組編集準則」を法的根拠にしての放送への政治介入や報道規制強化の流れにも、太い政治的文脈としてつながっているのだということを、指摘したいのだ。

話を本筋に戻そう。強調したいのは、電波三法の制定が実は、占領政策の民主化から反共化への転換のなかで、放送制度民主化をあくまで貫徹させようとするGHQ内のリベラル派（ホイットニー准将に代表される民政局、法務局、民間通信局ファイスナー調査課長）とそのパートナーとして逓信省に送り込まれ、放送法制定の責任者（臨時法令審議委員会主査）として腕を振るった鳥居博vsGHQ内の反共タカ派（ウイロビーに代表される参謀第二部）とそれに働きかける吉田茂グループおよび保守派逓信官僚の、両者の間の〝せめぎ合い〟の政治力学のなかで進められ、最終的にGHQの民間通信局・ファイスナー・鳥居博組がマッカーサー元帥の威光（吉田首相宛てのマッカーサー元帥の書簡）を使って、吉田茂首相の頑強な抵抗を押し切って独立行政委員会制度を含む電波三法を誕生させるという結末に至るのだが、この辺の事情と経緯は、拙著『ドキュメント放送戦後史 I』に詳述しているので、ここでは深く触れない。

重要なことは、こうした事情が、1952年4月の占領終結、サンフランシスコ講和条約による日本の「独立」と同時に吉田茂内閣が電波監理委員会制度を廃止（1952年7月末）する大きな伏線になっていったという事実である。なぜ、こうした事情にあえて触れたかといえば、次に紹介する第一次放送法案での〝問題の第4条の出現〟とそれに対するGHQ法務局の厳しい全面削除「勧告」の背景にも、前記の〝せめぎ合い〟が底流として介在していたからである。

見落としてならないのは、鳥居博や放送委員会メンバー（浜田成徳委員長以下、宮本百合子、瓜生忠夫、近藤康男ら17名）など日本人の立場から戦前の放送の教訓のうえに立って放送制度民主化のために奮闘した人たちが果たした役割である。

たとえば、鳥居博は戦前、一橋大学の前身である東京商大の出身者で、大学時代にルソーの『社会契約論』思想に深く共鳴し、共和主義的思想の持ち主として戦前の日本の政治や放送のあり方にも強い批判を抱いていた。戦後、GHQがその思想・人柄を知り、信頼できる放送制度改革のためのパートナー、そしてGHQの代理人として、当時異例のかたちで逓信省に送り込まれ、放送法案作成の責任者としてGHQのファイスナー調査部長と名コンビを組むかたちで電波三法制定に心血を注いだ。また放送委員会のメンバーは、電波三法の原型ともいうべき放送法試案を提起して放送制度民主化を国民の立場から推進した。

では、「放送番組編集準則」はどのような議論を経て、またどのような法的位置づけのもとに放送法に盛り込まれたのか。

この点を明らかにするうえで極めて重要なのが、放送法制定史上、重大なエポックとなった1948年のGH

Q法務局による全文16条に及ぶ放送法「修正勧告」である。

「報道規制は違憲」と修正勧告

1948年、芦田内閣が第4国会に向けて当初用意した放送法案（いわゆる第一次放送法案）の第4条には、「ニュース記事の放送については、左に掲げる原則に従わなければならない」として、「公安を害するものを含まないこと」（現4条1項「公安及び善良な風俗を害しないこと」）と並んで「厳格に真実を守ること」「事実に基き、且つ、完全に編集者の意見を含まないものであること」など現4条3項の「報道は事実をまげないですること」と同趣旨の厳しい規制条項がいくつも盛り込まれていた。

GHQ法務局は、これに対して「この条項は、憲法21条に規定した表現の自由と全く相容れない」と厳しく批判、全面削除を求めたのである。この「修正勧告」は、いま読み返しても極めて示唆に富んでいる。

《この条文〔第四条〕には、強く反対する。何故ならば、それは憲法第二一条に規定せられている「表現の自由の保障」と全く相容れないからである。現在書かれているままの第四条を適用するとすれば、……政府にその意志があれば、あらゆる種類の報道の真実あるいは批判を抑えることに、この条文を利用することができるであろう。この条文は、戦前の警察国家のもっていた思想統制機構を再現し、放送を権力の宣伝機関としてしまう恐れがある》（内川芳美『マス・メディア法政策史研究』有斐閣、1989年＝355ページから引用）

つまり、放送法に「実効規定」として報道規制につながるこうした条項を設けること自体が、憲法21条に違反し、政府による放送への政治介入や報道規制に道を開くことになると厳しく批判し、全面削除を求めているのである。この厳しい「修正勧告」を受け容れて、政府は問題条項を第4条から全面削除し、法案作成は振り出しに戻った。

こうした議論の曲折を経て、1950年6月に制定されたのが現放送法である。

この放送法条文では、前記、GHQ法務局が「憲法違反」と厳しく批判した「実効規定」としての〝法的規範〟とはまったく異なった文脈と制度的位置づけで、「総則」とは別のNHKの放送番組基準を定めた「日本放送協会」の項目のなかの放送法第44条に、放送事業者の自主・自律を前提にした〝精神・倫理規定〟(これなら憲法21条と抵触しない＝筆者)として、現行の4原則からなる「放送番組編集準則」(現・第4条と同文)が盛り込まれることになったのである。

その内容は、GHQ法務局が「憲法違反」として批判し、撤回された項目とほぼ同一趣旨の「公安及び善良な風俗を害しないこと」(第1項)、「報道は事実をまげないですること」(第3項)のほかに、新たに「政治的に公平であること」(第2項)と「意見が対立している問題については、できるだけ多くの角度から論点を明らかにすること」(第4項)の2項目をつけ加えた4項目からなっていた。これこそが、「放送番組編集準則」の起源なのである。

この4項目を「放送番組編集準則」として放送法に盛り込んだことの積極的意味は、どこにあるのだろうか。まず、この4項目が放送法第1条の掲げた放送の「目的」、つまり放送の公共的使命である「放送の不偏不党、真実及び自律を保障することによって、放送による表現の自由を確保すること」「放送に携わる者の職責を明らかにすることによつて、放送が健全な民主主義の発達に資するようにすること」(放送法第1条から)などと、しっかり対応していることに、注意を喚起したい。

つまり「放送の自由」が単なる放送事業者の恣意的な自由ではなく、あくまで放送のもつ公共的使命(真実性、不偏不党、健全な民主主義の育成など)を実現するための放送の自由であり、自律なのだという視点に立って、「放送の自由・自律」と「放送の公共性」という二つの価値を〝権力の規制・介入を介在させることなく〝整合的に充足・実現するための制度的仕組みとして、鳥居博やファイスナーらは放送事業者の精神・倫理規定という位置づけで放送法に「放送番組編集準則」を盛り込むことを工夫・考案したのである。

注意してほしいのは、このなかに「政治的公平」（第2項）や「意見が対立している問題については、できるだけ多くの角度から論点を明らかにすること」（第4項）の項目が入っていることの積極的意味である。ここには、明らかにジャーナリズムの原点ともいうべき「言論・思想の自由市場」の思想が込められている。

放送の自由を単に「権力からの自由」という消極的権利のレベルでとらえるのではなく、放送を民主主義に奉仕するジャーナリズムとして、また開かれた「言論・思想の自由市場」として積極的に機能させていこうとする積極的な意図が読み取れるのだ。

こう放送法の成立過程の議論と、「放送番組編集準則」の放送法制定時の制度的位置づけを見てくれば、これを〝実効規定〟、つまり報道規制の根拠として行政指導や政治介入を行うことが、いかに乱暴な議論であり、憲法違反の行為であるかは明々白々であろう。

「意見が対立している問題については、できるだけ多くの角度から論点を明らかにすること」（第4項）という項目一つ取り上げてみても、これが法律違反や行政処分の根拠規定になりえないことは誰が考えても明らかだろう。

現に放送法案提出にあたって、綱島毅・電波管理長官は衆院電気通信委員会で放送法について、こう提案趣旨を説明している。

「第1条に、放送による表現の自由を根本原則として掲げまして、政府は放送番組に対する検閲、監督等は一切行わないのでございます」（国会議事録から）。

もともと放送法は、政府が放送番組について介入したり（事前、事後の検閲）、行政指導をすることを認めていないのである。

では、なぜ「放送番組編集準則」が、法制定時の法的位置づけに反して、「行政指導」など政府の政治介入を正当化する実効規定として解釈変更され、現に運用されるに至ったのか。

最大の理由は、電波三法の要《かなめ》の存在だった電波監理委員会が、1952年の独立と同時に吉田茂内閣によって廃止されたことによる。

以来、放送行政権が政府の手中に握られ、放送免許や放送法の解釈、運用などに権力側が政治意図をフルに行使する道が開かれることになった。放送に対する政府の介入を排除するために放送行政を政府から切り離し、民間人からなる合議制の独立行政委員会が放送免許を含む行政、準司法、準立法の強大な権限をガラス張り(原則、議事録を全面公開)で行使するという電波監理委員会の民主的な仕組みが失われたことの代償の大きさは、日本の放送の歴史にとって、はかり知れない。

例えば、その後の放送法改正で、問題の「放送番組編集準則」が第44条から〝条文整理〟の名目で第3条2項や現・第4条に移されたことも、その一つといっていいだろう。

しかし、にもかかわらず「放送番組編集準則」に関していえば、長い間、放送事業者の〝精神・倫理規定〟という本来の法的性格から簡単に〝実効規定(法規定)〟に解釈変更できなかったという事実が、ここでは重要であろう。なぜなら、電波三法のうち、電波監理委員会が廃止され、放送法と電波法の2本立て法制にはなったとはいえ、放送法の大原則である「放送の自由と自律」の鉄則は厳然として生きており、また放送内容と関連させて運用することを許さない「施設免許」としての電波法の建前も法律的に揺ぎないからだ。次の事実は、そのことを物語る。

政府自体が「一つの目標」「精神規定」と明言

1964年1月、郵政省は、当時、放送制度の見直し作業を行なっていた「臨時放送関係法制調査会」(会長=松方三郎氏、略称「臨放調」)に、その求めに応じて「放送関係法制に関する検討上の問題点とその分析」と題する文書を提出している。

そのなかで、郵政省は「放送番組編集準則」について、こう見解を示している。

「……法に規定されるべき放送番組編集上の遵守すべき事項は、ことばをかえていうならば、法が事業者に期待すべき放送番組編集上の準則は、現実問題としては、一つの目標であって、法の実際的効果としては多分に精神的規定の域を出ないものと考える。要は、事業者の自律にまつほかはない」と。

この見解には、たしかに「物理的に計測が困難」という理由もニュアンスとしては含まれていた。だが同時に、政府見解自体が「放送番組編集上の準則は、……一つの目標」であり、「多分に精神的規定の域を出ないもの」「要は、事業者の自律にまつほかはない」と述べている事実に注意を喚起したい。当時の郵政省をもってしても、「放送事業者の自律」を否定して、〝実効規定〟として強弁することはできなかったのだ。

1972年に広瀬正雄郵政相(当時)が国会で「番組の向上等は、放送業者の自粛か自覚によって改善する以外にないので、郵政省から行政指導をする考えは毛頭持っていない」と答弁していることも、同様の事情による。

電波法第76条についても、この際、触れておこう。電波法第76条の条文は、こう書かれている。

《76条　総務大臣は、免許人がこの法律、放送法若しくはこれらの法律に基く命令又はこれらに基く処分に違反したときは、3箇月以内の期間を定めて無線局の運用の停止を命じ、又は期間を定めて運用許容時間、周波数若しくは空中線電力を制限することができる。(以下略)》

これは、憲法第21条や放送法第3条に照らして、実に由々しい条文である。「放送法に違反した場合、総務大臣は免許人である放送事業者に対して電波の運用停止を命じることができる」という内容になっているからだ。

この条文には、もともと国会提出法案の段階で「放送法若しくは」の文言はなかった。「施設免許」を建前とする電波法の原則からいえば、放送内容とかかわらせて電波運用の行政処分を行うなど本来、ありえないことだからである。だが、国会で審議中に与党議員から議員提案の形で「放送法若しくは」の文言を追加すべきだと動議が出され、ほとんど議論することなく、この言葉が書き加えられてしまった、というのが、この問題条項誕生の真相といわれている。

だからこそ、「放送法違反」とからめて、この電波法第76条を発動させた政府は、これまで絶えてなかったのである。憲法違反に問われるリスクが明白だからだ。

政府が番組内容をめぐって「放送番組編集準則」を根拠に行政指導に踏み込むようになったのは、1980年代に入ってからである。その流れを加速させたのが、1993年に起きた椿・テレビ朝日報道局長による、いわゆる「椿発言事件」だった。当時、郵政省の江川放送行政局長は国会で「基本は放送事業者の自律だが、政治的公平かどうかの判断は最終的に郵政省がする」と大きく規制に向けて踏み込んだ。この規制強化の流れを、いま飛躍的に加速しているのが、安倍政権なのである。

安倍政権で〝解釈変更〟が加速

自民党は2014年暮れの総選挙以来、街頭の声やゲストの発言回数まで事細かに政治的公平を求めた「要請」文書をテレビ局に送り付け、さらに放送番組に関して局幹部を呼びつけて事情聴取するなど、数々の報道干渉行為を重ねてきた。テレビ朝日「報道ステーション」の場合、コメンテーターが菅官房長官の名を挙げて「官邸の皆さんにはものすごいバッシングを受けた」と発言したのが、「虚偽の報道に当たり、放送法違反になる」といいだしたのである。

まさにGHQ法務局がかつて「修正勧告」で「警察国家の再現」「放送を権力の宣伝機関としてしまう恐れ」として厳しく警告した事態が、現に進行しつつある。

そうした動きに呼応するかのように、2015年11月14日の産経、15日の読売両紙朝刊には一部民放報道番組と特定の司会者・キャスター（岸井成格氏）を名指しで「政治的偏向」と断じたうえで、政治的公平を従来、政府が統一見解で認めてきた「放送全体を通じての政治的公平」ではなく、「個々の番組ごとに公平を期するよう」法解釈の変更を求める同文の「全面意見広告」（呼びかけ人＝渡部昇一・上智大学名誉教授ほか5名）が掲載された。特定番組、特定レギュラー出演者に「偏向」のレッテルを張り、放送法改悪を迫って言論・表現活動の幅を狭めたり、放送から多様性を締め出していこうとするこうした危険な動きは、〝草の根ファシズム〟を予感させて不気味というほかない。

思い起すのは、2001年、当時、官房副長官だった安倍現首相自身がかかわって起きたNHKのETV「問われる戦時性暴力」番組改ざん事件である。このときは安倍氏が、個々の番組ごとに「政治的公平」を求める立場から番組に「従軍慰安婦」肯定の反対意見を盛り込むことをNHK幹部に迫り、結果的にそれが番組改ざんにつながったのであった。また安倍政権によってNHKに送り込まれた籾井会長が、就任3カ月後の2014年4月末の理事会で放送法第4条の「政治的公平」規定をもとに、今後、放送では「個々の番組でも公平を期するよう」指示した事実も、昨今の政治的流れを先取りした動きとして、あらためて注目しておきたい。「放送活動全体を通しての政治的公平」という過去の政府見解を超えて、個々の番組ごとに機械的公平（両論併記）を求めれば、権力監視など、およそ不可能になる。ＥＴＶ特集などメッセージ性をもった調査報道番組やドキュメンタリー番組など作りにくくなる。その要求は、社会の争点となっている重要なテーマから、報道活動を遠ざける結果にもなりかねない。

自由な報道活動に「個々の番組ごとの政治公平」という法的制約を課していこうという動きは、放送ジャーナリズム活動に対して、まさに死を宣告するに等しい。

高市総務相の電波停止に言及した〝威嚇発言〟は、6月の参議院選挙を控えて、その意味でもテレビ局の今後の報道活動に微妙な萎縮効果を与えずにはおかないだろう。

米カリフォルニア大学のエリス・クラウス教授は、かつてその著書『ＮＨＫ vs 日本政治』（邦訳＝村松岐夫訳、東洋経済新報社、２００６年）のなかで、政治からの放送の「自律」を完璧なまでに保障した放送法の枠組みがあるにもかかわらず、非合法な過程を通じて政治介入が堂々と罷り通っている日本の放送界の現状を、特異な現象として指摘している。

彼は書いている。日本のメディアは、権力を監視する本来の「番犬（Watch-Dogs）」ではなく、権力を支える「パートナー犬」ではないか、と。正鵠を射た、痛烈な批判といっていい。

放送の自由と自律は、権力に抗してでも、その自由と自律を守りぬいて民衆の「知る権利」と文化に責任を負おうとする放送の担い手たちの主体的な闘いがあってこそ貫ける。

民衆の「知る権利」のために闘って権力からの「独立」を守ってこその放送ジャーナリズムなのである。そのために闘ってこなかった歴史の積み重ねこそが、今日の事態を招いているという冷厳な現実を、日本の放送事業者や放送の担い手たちは直視する必要がある。

今回、安倍政権による一連の「政治介入」への対応で際立ったのは、放送倫理・番組向上機構（ＢＰＯ）メンバーの高い見識と田原総一郎、岸井成格、金平正紀氏ら6人の民放キャスターたちのよる「政治介入告発」の記者会見だった。だが、放送の自由と自律を守る闘いを、放送の第三者機関であるBPOや一部の勇気ある放送界有志だけに委ねていて　果していいのかという問題は大きく残る。

こうした流れをはね返し、民主主義社会にとって不可欠な「放送の自由と自律」を広播な国民とともにいかに守り抜いていくのか。当事者である放送事業者や放送の担い手たちの職能的責任こそが、いま改めて問われているのである。

（まつだ　ひろし・メディア研究者）

3 報道における「公正」追求理念としての確立へ

石川　旺

報道について一般的に用いられる理念の検討

メディア報道、ジャーナリズムの在り方を論じる際にしばしば登場する理念がいくつかある。「客観報道」、「不偏・不党」、「公平・中立」、「報道の公正」などが例として挙げられるが、今日の政治とメディアの関係ではこれらの理念が、その具体的内容が明確ではないにもかかわらず曖昧な一般的用語として便宜的あるいは恣意的に用いられ、政権がメディアに圧力をかける際の道具として使用されている。今日の政治とメディアの関係についてはさまざまな問題が指摘されている。本稿は上記の理念について具体的に検討し、メディア・ジャーナリズムが当面する問題点を明らかにしようと試みる。

上記各理念のうち、「客観報道」については報道に「客観」などという原理はあり得ないという理解がある程度浸透している。ある事柄を報道する場合、その事柄を取り上げるか否かでもうすでに一定の判断がなされるわけであり、その判断の基底には明確な価値観が当然ながら介在する。その過程を無視しての客観性の主張には無理があるということは理解しやすい。にもかかわらず現実にはメディアの側はしばしば客観性を自ら標榜する。今日ではその具体的方法は、権威ある情報源の発言、発表を「事実として主観を混じえず」に報じるという行動原理となっている。この原理はメディア・ジャーナリズムが権力側の広報手段に堕する危険性をはらむことは明らかであり、原寿雄（１９７９、１９８６）は極めて早い段階で「発表ジャーナリズム」という概念化によって問題指摘をしていた。しかし以後約30年、問題点の改善はなされていない。一例を挙げれば「福島はアンダーコントロール」という国際的な場での首相発言であろう。東京オリンピック招致を意図するこの発言があったのは客観的事実であり、その事実を伝えることは必要ではあった。しかし、この首相の発言内容は「福島の現実に即してはいないという事実」の報道とセットにならなければ均衡を欠く。現実には汚染水の処理問題は今日でも深刻な状態であるし、溶融した核燃料がどこにどのような形で溜まっているのかもいまだに不明である。現在の大手メディアは前段の首相発言という客観的事実は大きく報じたが、その後の論評は控えめなまま東京オリンピック開催を追認してきており、発表ジャーナリズムの枠組みを脱していないとの批判は避けられない状況にある。

「客観報道」については上記のように一定の論考がなされているが、「不偏・不党」、「公平・中立」、「報道の公正」などについては報道の現場の指針としての具体的論考が深められていない。

「不偏・不党」という概念は明治期の新聞で既に論じられていた。この間の状況については「政治的中立を標榜することが、読者をより多く獲得する商売上の手段ともなった[1]」とも分析されている。この「不偏・不党」も報道においては「政治的公平性」という概念と結び付けられ、特に放送メディアの場合には放送法第4条に「政治的に公平であること」という規定があることからことあるごとに権力の側がメディア批判をする際の論拠として取り上げられてきた。最近の例では２０１５年11月14日から15日にかけて産経新聞と読売新聞が一ページ全面の意見広告を行った。その内容はＴＢＳ系の報道番組「ＮＥＷＳ23」の９月16日放送分で安保法案の参院採決をめぐる与野党攻防を報じた際、アンカーの岸井成格氏が「メディアとしても廃案に向けて声をずっと上げ続けるべきだ」と発言したことは放送法第４条に違反しているという趣旨であった。この結果岸井氏は２０１６年３月をもってキャスターを降板することとなった。また、テレビ朝日の「報道ステーション」はコメンテーターの官邸批判発言で２０１５年４月に自民党からの事情聴取を受けた。その後番組のメインキャスターは交代することとなった。ＮＨＫの「クローズアップ現代」ではキャスターが官房長官に厳しい質問をしたとして問題化され、それがキャスター降板が検討された背景と指摘されている。

こうした一連の動きの中で、「不偏・不党」、「政治的公平」等の概念の明確化が必要となって来ている。前出の原寿雄は現在の一般的理解における「不偏・不党」、「政治的公平」はメディア・ジャーナリズムの追求原理とはなり得ないということを指摘し、「『公平』が最終目標のようになってしまうとジャーナリズムたり得なくなる。（中略）『公正』なら社会正義や真実追求を含めて考えられるから、『公平』に代わって『公正』を掲げるほうがよい」(2)と述べている。民主主義社会におけるマス・メディアはさまざまな権力に対し、市民の立場に立って監視、論評する役割を担う。当然のことながらそうした役割遂行には権力からの独立性の獲得が必要条件となる。では権力からの「独立」と「不偏・不党」、「政治的中立」、「公正」とはどのような関係になるのであろうか。特に「公正」をジャーナリズムの追求原理として掲げるということはどういうことかを以下検討してみたい。

アメリカの大統領選挙における新聞各社の報道を例として見れば、このことは容易かつ明瞭に理解できる。たとえば、最近の大統領選挙についてみると２００８年の選挙ではＮＹタイムズ、ＬＡタイムズ、ワシントン

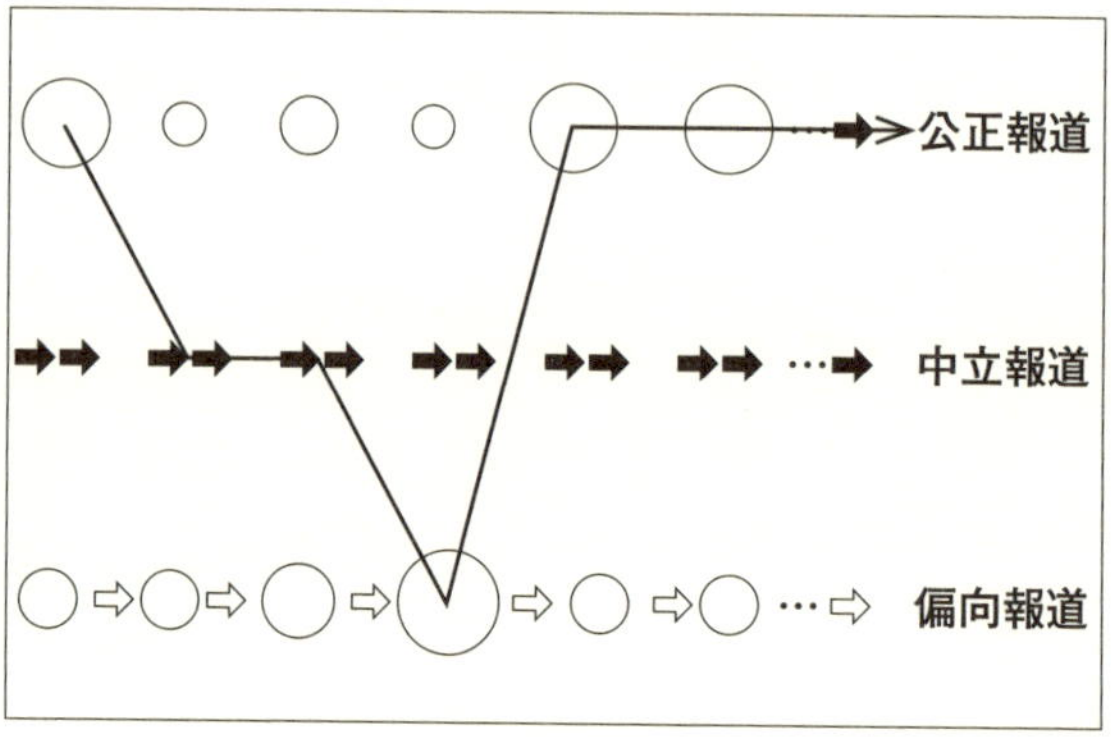

ポストなどがオバマ支持を表明し、全体では有力100紙中65紙がオバマ支持、25紙が共和党のマケイン支持を表明した。その後2012年の選挙では前記3紙は再びオバマ支持を表明したものの有力100紙の中で前回オバマを支持した新聞の中から9紙が共和党のロムニー支持に変わり、全体として36紙がオバマ支持、28紙がロムニー支持となった[3]。アメリカの新聞は長年にわたってこうした報道を続けてきている。したがって特定の年度の大統領選挙においてどちらを支持したかは「公平」「中立」「公正」などの議論の枠組みに入って来ない。こうした議論が展開されるのは長期的な視野に立っての推移、変遷の分析に基づいてのみである。

　二大政党から二人の候補が立つ大統領選挙において、それぞれの候補者の能力、資質が拮抗している場合は中立的な報道が妥当となろう。報道機関としての有権者への情報提供はそうなるべきである。しかし両者の間に差がある場合、報道機関としてはそのことをきちんと有権者に伝える必要があるというのが毎回のアメリカ大統領選挙における各社の考え方であろう。簡単な図でそのような枠組みを見てみよう。各選挙年の二大政党の候補者の能力、資質を丸の大きさで示し、差がある場合、拮抗している場合など何回かの選挙における各社の支持の推移を矢印で示した。

　現実の大統領選挙を例にとっても、両党の候補に明確な政策や信条の差があり、それが大統領候補としてみた場合の評価の差につながった場合はいくつも例を挙げることができる。もっともよく知られているのは1964年の共和党候補、ゴールドウォーターの場合であろう。ベトナム戦争における核兵器の使用も視野に入れるとした彼の発言は強い批判にさらされ、民主党候補のジョンソンに大敗するに至った。このような状況を長期的に見れば、報道に関する理念を明確化することができる。

まず、「偏向」とは何か。候補者の資質に差がある場合でも常に特定政党の候補を支持する報道は最下段の矢印で示される。この立場は「不偏・不党」ではない偏向報道と言える。日本の選挙の場合にこれを当てはめれば、毎回の選挙で常に一定の政党に対する支持を継続するメディアは「偏向」の範疇に分類される。そのようなメディアが存在すること自体は否定されるべきではない。たとえば政党機関紙というものは歴史的に存在してきており、情報提供メディアとして一定の社会的役割を果たしてきている。メディア界全体としては多様性が求められるのであり、受け手の選択肢の増加は望ましいと言える。問題は「公平・中立」を標榜しながら内実は「偏向」しているような場合で、こうしたメディアは受け手の操作を意図していると批判されることになろう。

さて、では「常に中立」という報道機関はどう評価されるのだろうか。毎回毎回の選挙で常に「中立」な立場は図の中央の線に沿う立場である。見れば明らかな通り、双方の候補に能力、資質の差がある場合、両者の中間に立つということは能力が劣る側に有利をもたらすことになり、能力に勝る側には不利をもたらす。その意味で中立は「不党」であっても「不偏」とは言えない立場となる。また同様に「中立」は「公平」とは言えない立場となる。

実は報道の「中立」というスタンスに対しては1960年代以降の日本の公害問題に関する報道において明確な批判が行われていた（石川旺1982）。にもかかわらずこの理念がメディア内で存続し続けたのは日本のメディアの体質によるものであろう。公害問題の報道において問題とされたのは「作られた意見の対立」であった。1956年に公式の患者発見がなされ、以後原因究明が難航していた水俣病は、熊本大学の地道な研究により、1959年に至ってようやくチッソの工場排水による有機水銀中毒という結論が固まった。これに対し、チッソと中央官庁は東京の有名大学の教授を現地に派遣し、数日間の調査で古くなった魚を食べたための食中毒という見解を発表した。ここで、数年をかけた研究結果と数日の調査で発表された意見という二者の対立が作り出された。「対立する意見については両者を公平に扱う」という「中立性」の原理がここで作用し、たとえば朝日新聞は1960年4月27日に「学説まちまち――工場排水との関係も不明」との見出しで記事を掲載した。ここで欠落していたのは二つの対立する意見の比較衡量とそれに基づいて論評するというジャーナリズムの主体的作業である。メディアのこうした自律性、主体性の欠如は、その後に公害問題の汚染源とされる側にしばしば利用されるようになった。有名大学の教授を動員して根拠の薄弱な反論を大々的に公表するということが繰り返され、メディアがその戦略にからめとられた結果、各地の公害問題において原因究明が曖昧にされ、被害者への補償交渉が切り下げられた。飯島伸子（1979）は以後のほとんどすべての公害紛争でそのような学者の対立構造が表れていたと指摘している。そのような作られた対立構造が表れたのはメディアの「中立」報道という原理があったからに他ならない。公害紛争において「中立」メディアは結果として被害者の不利益を招いたわけであり、この反省に立って以後メディア報道は「中立」原理から脱却するべきであった。

水俣病における地道に研究を続けた結果の結論と短時日の調査の結論の比較衡量の必要性は上記の大統領選挙における候補者の比較衡量の必要性とも重なるものであり、「中立」はメディア報道・ジャーナリズムの追求理念たりえないことは明らかと考えられる。つまり、日本の報道に関する議論でしばしば用いられる「公平・中立」や「不偏・不党」という言葉は上記の例で理念を検討すると明らかな通り、個々の報道時点における「中立」は「公平」ではなく、「不党」は「不偏」ではないということが明らかになる。にもかかわらず政権によるメディアへの圧力においては個々の選挙や報道事例に対してこの言葉が用いられており、メディアの側から毅然とした反論が提示されていないのが現状である。極言すれば、たとえば政権の側に運営や政策で極めて問題となるような手続きや決定があった場合、その後の選挙の時点での「中立」、「不偏・不党」の要請は「不公平」、「偏向」の要求ともなりかねない。

「公正」な報道と「プロフェッショナリズム」

では「公正」な報道とは何か。それぞれの候補の資質を判断し、差がある場合にはその差に基づいて一方の支持を表明し、両者が拮抗している場合には双方を「公平」に扱う報道機関は「公正」な立場で有権者に情報提供を行ってきていると評価される。この場合の鍵となるのは「公正」という評価は「長期的な視野」に立ってのみ下されるということである。ジャーナリズムに対する評価は個々の報道事例や特定の番組に対して行われるものではない。個々の報道の長期的な積み重ねの上に権威と信頼が構築されるのであり、個々の報道に対する是々非々はその長期的な評価に対する個別要因として下されるものである。アメリカの大統領選挙を例にとれば、何十年にもわたる選挙を通観して公正か否かが問われる。長期的な視野に立つ評価とは言葉を替えれば歴史的検証に耐えるか否かの評価に他ならない。そこで積み重ねられる個々の報道は、単なる両者の中間としての中立や両者を対等に扱う公平といった単純化された理念に従うものではなく、それぞれの場合の独自の独立した判断に基づくものでなければならない。そこには社会正義の追求や真実の追求が含まれるというのは前出の原寿雄の指摘であった。

偏向報道や中立報道と「公正」な報道を分かつものは何か。それはジャーナリズムのプロフェッショナルとしての判断能力そのものである。その判断能力に基づいた論評、明確な表明が読者・有権者に有用な情報をもたらすのである。偏向した情報は一般には有用な情報とはならない。また常に「中立」な情報は判断の基準とはなりえない。故障で止まっている時計は時間を知る役には立たないが、一日に二度だけその針が示す時間がめぐってくると正しい時刻を示す。常に中立な報道はたまたま対立する候補の能力、資質が拮抗している場合にたまたま有用な情報を提供するだけである。通常時は役に立たない情報を流し続ける。役に立たないだけで済めばよいが、望ましくない存在の手助けをしてしまうという危険性すらあることは公害報道の事例でも明らかになっている。

「公正」な報道を志し、個々の事例について判断を下し、情報を発信するには能力と勇気とが必要とされる。ジャーナリズムとはそれらを要求される領域なのである。下した判断について、長期的に見てそれが妥当であったか否かが常に問われ、そうした歴史的検証が報道機関としての権威と信頼性の獲得につながることはすでに述べた。しかしそれでも、個々の時点での判断について、批判や苦情が寄せられることは当然ありうる。前回、前々回のアメリカ大統領選挙では各紙に対するオバマの対立候補からの批判は当然あり得た。その時に批判された側はどう対応するべきか。この問題については極めて明確な枠組みがあるのだが、これも日本のジャーナリズムの中では定着を見ていない。むしろ枠組みは矮小化され、誤解されて利用されているのが現状である。

「公正」な報道と「アカウンタビリティ」

アカウンタビリティという言葉は通常「説明責任」と訳され、報道の現場では取材対象者が問題事例等について公の場できちんと説明するべきであるという意味で使用される。だが、この用法は概念の本来の意味とは乖離している。accountableという言葉は語尾にableがついていることからも明らかな通り、何かが「できる」という意味の言葉であり、適切に訳そうとするのであれば「説明できる」「説明する能力がある」という文脈で用いられるべき概念である。そしてこれこそが個々の報道事例について、偏向であるとか不公平であるという批判に対するジャーナリズムの姿勢の鍵となる。大統領選挙である特定の判断を下し二人の候補の一方を支持する報道を行えば、もう一方の候補から抗議や批判を受ける可能性はある。しかしその時になぜそうするのか、その理由は何かを事前に明確に意識し、公明正大に表明できること。それがアカウンタビリティなのである。「アカウンタビリティの本来の目的は、社会との関係の上で何らかの不祥事を未然に防ぎつつ、メディアの質を高めていくというところにあるため、『事前的取り組み』に属するものである。したがって『苦情処理制度』として設けられた取り組みが設置されているからといって、倫理やその制度に関する問題が解決されたとは言いにくく、さらに、アカウンタビリティを果たしているとも言えない[4]」と論じられているように、報道の質を高めるための事前の取り組みの重要性を明示している。

メディア・ジャーナリズムの分野ではもう一つ「レスポンシビリティ」という概念がある。通常はメディア・ジャーナリズムの社会的責任に関する概念と受け止められているが、このレスポンシビリティとアカウンタビリティはワンセットである。メディア・ジャーナリズムは民主主義的な社会システムを機能させるために必要な情報を人々に提供する責務があり、それが社会的責任であると理解される。

メディアは「何を人々に伝えるべきか」について社会的責任を負い、またそれを「どう取り上げたか」についてアカウンタブルでなければならない。提供される情報にはジャーナリストのプロフェッショナルとしての能力に基づいた判断が付与されていなければならないのであり、その判断についてはアカウンタビリティが要求される。つまり恣意的な判断情報提供であってはならないのである。このような枠組みにおいては「中立」という立場はアカウンタブルであることを放棄し、対立する双方からの抗議を回避する手段に見える。両者の中間をとり、並立で扱うにはプロフェッショナルとしての能力は必要とされない。またこの枠組みに従えば、メディアがある事柄を意図的に取り上げずに無視する場合にも社会的責任とアカウンタビリティを問われることになるのは自明である。

日本のメディアの歴史の中で政権からの介入は数限りなく繰り返されてきた。１９６０年代に頻発した放送への介入事件以来、そうした事例は枚挙にいとまがない。そうした事例に対してメディアの側が毅然として反論し、アカウンタブルであることを自ら証明する姿勢があまり見られないままに推移してきた。１９９３年のテレビ朝日椿報道局長の事件などはその顕著な例であろう。自民党以外の政権が必要という考え方は当時の世界状況を見れば選択肢として当然ありうるものであった。アジア圏で冷戦構造の前線上にあった国々では冷戦が終結してからそれぞれアメリカの強い影響下にあった政権構造を転換し、冷戦後の世界への対応体制を整えた。韓国、フィリピン、インドネシア等々、各国では軍事政権から文民政権への移行やアメリカ追随の独裁政権の打倒などが相次いだのであり、日本でも長年続いた一党支配を脱し、新しい秩序に向けて新しい体制の構築が必要という考え方は自然なものであった。その意味でテレビ朝日は「事前の取り組みとして」一つの判断を下し、報道活動を行ったものであろう。それに対する批判には理由を明示して説明するべきであった。しかし、「公平・中立」「不偏・不党」という日本のメディア界に存在する曖昧な基準を用いた短期的な事例批判にからめとられ、明確な反論を構築できないままにメディア側の敗北という結果となった。そのことが細川政権の短命化につながり、政権が自民党による旧体制に戻った結果、冷戦後の世界の動きに乗り遅れてその後の空白の10年を招いたという指摘もなされている。歴史的に検証した場合、テレビ朝日の姿勢は冷戦後の世界状況を見据え、国の将来を展望したものであったという評価も当然有り得る。真の意味でのアカウンタビリティを論じる際にはこの椿事件をもう一度検証しなおす必要があろう。

この椿事件のあたりから政権とメディアとの関係は政権の側の力が優勢となり、今日に至っている。そうした中で政権と対立するメディアに対して他のメディアが批判に回るという事例も目立ち始め、全体としての政権とメディアの対峙構造は明確ではなくなってきている。一部のメディアは明瞭に政権へ接近する姿勢を示しており、メディア界の構造は流動化していると言えよう。もちろん政権に接近するメディアはそれなりの理由、論理を持っていると考えられる。その理由、論理が歴史的な検証に耐えうるものか、言葉を換えればアカウンタビリティという枠組みで検討した場合に説得力を持ちうるものであるのかどうかは議論するべき課題である。

政治とメディア――今後の展望

2014年の衆院選の直前、自民党は在京放送局に報道の「公平中立、公正の確保」を求める文書を発した。報道における「公平」、「公正」といった概念は個々の事例や事象の報道について云々される理念ではないのであるから、メディア各社は毅然として反論するべきであった。今、政権が力を揮う中でメディアの衰退を食い止めるためにアカウンタビリティという概念の再構築と実践が必要である。「公平」、「中立」、などの耳に入り易い語彙を駆使しての政権の攻勢に対し、長期的、歴史的視野に立った「公正」な判断であり、それに基づいた報道であると主張し、なぜそうなのかを公明正大に論じてアカウンタブルな活動、存在であることを堂々とアピールする……という姿勢、取り組みがメディア・ジャーナリズムに求められている。

しかし政治の側からの圧力に対し、メディア各社の側に毅然とした対抗姿勢が見られないのが現状である。政治の側はメディアに圧力をかければ反撃されるかもしれないという懸念を抱いていないようにすら見える。メディア幹部が首相としばしば会食している事実は詳しく伝えられている（山田2015）。となると圧力を受けるたびにメディアの側がキャスターやコメンテーターを更迭しているという事実をどう考えればよいのだろうか。市民の立場からすればメディアの毅然とした姿勢を待望する今日の状況である。

（いしかわ　さかえ・上智大学名誉教授）

注

（1）原寿雄『ジャーナリズムの思想』岩波新書、１９９７年、97頁。
（2）原寿雄『ジャーナリズムの思想』岩波新書、１９９７年、１１８頁。
（3）http://www.presidency.ucsb.edu/data/2012_newspaper_endorsements.php.
（4）鄭寿泳『放送メディアの社会的責任とアカウンタビリティに関する研究』上智大学博士論文、２００６年、89頁。

参考文献

石川旺「環境危機とマス・コミュニケーション」『文研月報』、１９８２年8月、19－28頁。

飯島伸子「公害問題と研究者の活動」『ジュリスト総合特集、公害総点検と環境問題の行方』、１９７９年、56－59頁。

原寿雄「発表ジャーナリズム時代への抵抗」『新聞研究』、１９７９年12月、16－23頁。

原寿雄「『客観報道』を問い直す」『新聞研究』、１９８６年10月、33－38頁。

山田健太「東日本大震災・オリンピック・メディア――国益と言論」『マス・コミュニケーション研究』No.86、２０１5年、39－62頁。

4 番組編集準則と放送の自由

西土　彰一郎

権力の監視か、権力による監視か

本稿の目的は、近年、注目を集めている番組編集準則の意味を、憲法で保障されている表現の自由の観点から明らかにすることにある。

放送法第4条は、放送事業者に対して、放送番組の編集にあたり、公安・善良な風俗の維持、政治的公平、事実の報道、多角的論点の提示を求めている。これを番組編集準則という。以上の四項目は、ある意味で報道の基本姿勢を謳ったものであり、格調高い条文であるともいえる。しかし、この準則を根拠に政府が番組制作に介入してくるとなると話が違ってくる。残念ながら、近年、そうした介入の事例が後を絶たない。

例えば、2015年、総務大臣は、NHK「クローズアップ現代」の「出家詐欺」報道がこの番組編集準則に違反する（「事実の報道」に反する）ことを根拠に、NHKに対して「厳重注意」という行政指導を行ったことは記憶に新しい。2016年2月8日と9日の衆議院予算委員会において総務大臣は、一つの番組で政治的公平に反するような具体例を挙げたうえで、行政指導をしてもまったく改善されない場合には、放送法第4条違反を理由に電波法第76条1項に基づき放送局の運用停止という行政処分を命ずる可能性にも言及した。

こうした政治状況に呼応するかのように、「公正な」テレビ報道を実現すべく、放送事業者の番組編集準則違反を非難し、総務省に対して相応の指導を求める民間の団体も生まれている。そこで主張されている意見は、社会の一定の支持を得ているようにも思える。

言うまでもなく、報道の最も重要な役割は、権力監視である。この役割を果たすために、報道に携わる放送は、とりわけ政治権力から自由な存在でなければならない。しかし、以上の状況は、政治を監視すべき放送が、政治によって監視されているという逆転現象を意味している。そして、この政治による放送監視の根拠とされているのが、番組編集準則なのである。

番組編集準則は、もともと、そうした政治介入を根拠づける性格を有していたのであろうか。まずは、この点を確認しておこう。

揺れ動く番組編集準則の解釈

1　原点

松田浩教授が明らかにしているように、[1] 戦後の放送法制の原点は「放送における言論の自由の実現ないし放送と政府の分離」、「放送を権力の宣伝機関としてしまう恐れの除去」である。

1950年1月24日衆議院電気通信委員会で、網島毅電波監理長官は放送法の提案理由を次の三つにまとめている。第一に、放送法の趣旨は、放送が無線通信の中でも、社会性、文化性が特に高い事実にかんがみ、特に放送法として放送事業のあり方、すなわち日本放送協会及び一般放送局のあり方、及び放送の番組内容のあり方についてその大綱を規定したことにある。第二に、それを踏まえて放送番組については第1条に放送による表現の自由を根本原則として掲げて、政府は放送番組に対する検閲、監督等は一切行わない。第三に、放送番組の編集は、放送事業者の自律に委ねられてはいるものの、これを放任しているのではなく、放送法で規律されている放送の準則ともいうべきものに基づいて番組を編集することになっている。[2]

以上からすると、放送法上の番組編集準則は、放送事業者の自律のための倫理規定、精神的規定であり、これを根拠に政府は放送番組の監督等を行うことができないと理解すべきことになろう。実際に、――1962年3月14日の衆議院逓信委員会で迫水久常郵政大臣は、番組編集準則違反の判定は郵政省がやると答弁している事例もあるにはあるが[3]――1964年に郵政省（当時）は、番組編集準則は精神的規定の域を出ないとの考えを示している。[4] 1972年6月8日の参議院逓信委員会で廣瀬正雄郵政大臣は、番組の向上は行政指導ではなく放送事業者が自主的に行うしかない旨を説明している。[5] そして、1977年4月27日の衆議院逓信委員会で石川晃一郵政省電波監理局長は、放送番組は「検閲ができない」ことから、「番組の内部に立ち至るということはでき」ず、その意味で「番組が放送法違反という理由で行政処分するということは事実上不可能」であるとし、[6] 1993年2月22日の衆議院逓信委員会で木下昌浩郵政省放送行政局長は、放送番組の適正化については事業者の自律に基づくという考えを基本とすべきであり、番組編集準則違反を理由とする電波法第76条の適用は慎重であるべき等の説明を行っている。[7]

2　法的拘束力のある番組編集準則

「事実上」とか「慎重であるべき」といった答弁も見られるものの、政府も基本的には放送事業者の自律を重視し、番組編集準則違反を理由に行政指導を行ったり、電波法第76条1項に基づく行政処分を行うのに謙抑的であったといえる。では、なぜ、冒頭で述べたように、NHK「クローズアップ現代」の「出家詐欺」報道事件において、総務大臣は番組編集準則違反を理由にして「厳重注意」という行政指導を行い、放送局の運用停止という行政処分を命ずる可能性にも言及するまでになったのであろうか。それは、政府が番組編集準則を倫理規定、精神的規定として解釈することをやめたからである。(8)

1980年代後半に入り、郵政省は「真実でない報道」を行ったことを理由に行政指導を行うようになったが、1993年9月に起きた選挙報道における番組編集準則の政治的公平が問われた「椿発言事件」が政府による番組編集準則の解釈にとって大きな意味を有している。この事件を受け、郵政省の江川晃正放送行政局長は、記者会見で、番組編集準則違反を理由に電波法第76条1項を適用する可能性を真正面から認める発言をし、同年10月27日の衆議院逓信委員会で、郵政省が最終的に政治的公平を判断すると答弁し、番組編集準則は放送事業者を法的に義務づける規範であることを明言したからである。(9) その後、郵政省と2001年の省庁再編に伴い放送所管を引き継いだ総務省は、事実の報道と政治的公平の項目を中心に番組編集準則違反を根拠にした行政指導を繰り返している。(10)

現在の総務省の解釈によれば、放送事業者が番組編集準則に違反した場合、総務大臣は放送事業者に対して、電波法第76条1項に基づき放送局の運用停止を命じ、放送法第174条1項に基づき業務停止を命ずることができる。しかし、鈴木秀美教授が指摘するように、以上の命令は放送が止まることを意味しており、放送事業者の自由のみならず、社会に与える影響が大きいことから、実際に行われることは難しい。だから、番組編集準則違反について行政指導の手法が用いられる。総務省の見解では、行政指導それ自体に法律の根拠は不要であるという。総務省は『『行政指導』の法律の根拠を要しないヌエ的な性質を利用して、放送事業者の自律に委ねるべき領域にまで踏み込んで、事実上、法的規制権限を拡大してきている」[11]と鈴木教授が批判している通りである。

確かに、行政指導に法的拘束力はない。しかし、2007年の「発掘!あるある大事典Ⅱ」事件で、関西テレビは事実の報道の違反を理由にして総務大臣名で行政指導としては最も重い「警告」を受け、再発防止措置やその実施状況についての報告が求められたうえ、今後の再発には「法令に基づき厳正に対処する」として電波法第76条の適用可能性まで示唆している。[12]運用停止まで示唆して再発防止措置等を求めることは、事実上の拘束力が認められ、実質的には改善命令にほかならないのに加え、総務大臣が、文言が明確でない番組編集準則に基づいて番組内容を判断することになると、放送の現場を萎縮させてしまうとの指摘もある。[13]さらに、2016年2月の総務大臣の国会答弁のように、一つの番組での具体例を挙げたうえで電波法第76条1項の適用可能性に言及するとなると、この萎縮効果はさらに大きくなる。

以上の状況のなかで、総務大臣名での行政指導が2007年の「発掘!あるある大事典Ⅱ」事件以来である「出家詐欺」報道事件において、2015年11月に放送倫理・番組向上機構——以下、BPOと記す——の放送倫理検証委員会がNHK「クローズアップ現代」の「出家詐欺」報道をめぐる意見書を公表した——以下、「意見書」と記し、適宜頁数を示す——。「意見書」は、番組編集準則を倫理規範であると明確に述べたうえで、行政指導を個々の放送番組の内容への介入として厳しく批判しており、大きな注目を集めている。以下では、そこで示された番組編集準則の解釈について検討しておきたい。

政府介入を防ぐための番組編集準則

まず、「意見書」において注目されるのは、放送法全体を憲法第21条に照らして体系的に解釈していることである。

それによると、放送法は、表現の自由を保障する憲法第21条のもと、放送の「不偏不党」「真実」「自律」を掲げることによって、放送による表現の自由を確保することを目的としている（第1条2号）。以上の三項目は、放送事業者や番組制作者に対する「義務」ではなく、政府を名宛人としている。では、なぜ、放送法は政府を名宛人として放送の「不偏不党」「真実」「自律」の保障をあえて強調しているのであろうか。その理由として、「意見書」は次のように指摘している。「放送は電波を使用し、電波の公平且つ能率的な利用を確保するためには政府による調整が避けられない。そのため、電波法は政府に放送免許付与権限や監督権限を与えているが、これらの権限は、ともすれば放送の内容に対する政府の干渉のために濫用されかねない。そこで、放送法第1条2号は、その時々の政府がその政治的な立場から放送に介入することを防ぐために『放送の不偏不党』を保障し、また、時の政府などが『真実』を曲げるよう圧力をかけるのを封じるために『真実』を保障し、さらに、政府などによる放送内容への規制や干渉を排除するための『自律』を保障しているのである」（26頁）。

この見解は、国家権力を拘束する憲法のもとで放送法を解釈しなければならない以上、表現の自由の「国家からの自由」の側面を強調するものである。この観点に立って、放送法第1条の目的規定を以上のように解釈するため、放送法第4条の番組編集準則も放送事業者や番組制作者に対する「義務」として理解することはできない。「意見書」によれば、番組編集準則は「放送事業者が自らを律するための『倫理規範』であり、総務大臣が個々の放送番組の内容に介入する根拠ではない」（26頁）と解釈しなければならない。すなわち、総務大臣は番組編集準則違反を理由に行政指導を行うことは許されず、ましてや、電波法第76条1項に基づき番組編集準則違反を理由に放送局の運用停止を行うことは許されないのである。したがって、電波法第76条1項の「放送法」から放送法第4条は除外されていると解釈されることになろう。(14)

しかし、政府の放送免許付与権限や監督権限の濫用を防ぐ趣旨であるのなら、放送法第1条の目的規定は必要であるとしても、同第4条の番組編集準則を積極的に根拠づける理由を見出すことはできない。しかも、番組編集準則の名宛人は、政府ではなく放送事業者であり、政府を名宛人としている放送法の基本的性格とは相容れないようにも思える。「意見書」のように番組編集準則を「倫理規範」として解釈するのは、いわば同準則の毒気を消すための苦肉の策であり、消極的意味しかないように見えるのである。しかし、そうであるならば、番組編集準則は、端的に憲法第21条に違反すると主張した方が、すっきりするのではないか。

私見では、放送法第1条は、さらにその3号において、「放送に携わる者の職責を明らかにすることによって、放送が健全な民主主義の発達に資するようにすること」をも放送法の目的に挙げていること、この「職責」を明らかにしたのが、放送法第4条の番組編集準則であると解釈できること、以上の点に留意するならば、番組編集準則を「倫理規定」として解釈する積極的な意味が見えてくるように思える。放送法があえて「職責」を挙げているのは、放送（ラジオ）が戦中に政治の道具とされた反省を踏まえてのことである。放送事業者は番組編集準則を確認することにより、自己の職責を自覚するとともに、仮に政治からの干渉があった場合には、この番組編集準則を盾にこれを退けることができる。この意味で、番組編集準則は政府介入から放送事業者を守るものなのである。

以上からして、第一に、放送事業者を名宛人する番組編集準則を放送法で定めるのは不自然ではない。第二に、民主主義に資する放送事業者の職責は権力監視である以上、番組編集準則違反を理由に総務大臣が個々の番組内容に介入できると考えることはできない。

憲法学における議論

政府およびBPOによる番組編集準則の解釈を見てきたが、研究者はこの準則をどのように解釈しているのであろうか。ここでは、主に憲法研究者の見解を簡単に整理しておきたい。

1　伝統的な理解

「意見書」は、放送法第4条だけを読むのではなく、放送法全体の趣旨から番組編集準則の意味を把握するよう努め、その際に憲法第21条で保障されている表現の自由に目配りしていた。これに対して、憲法研究者の関心は、番組編集準則は憲法第21条に違反するか否かという点にあるように思われる。

一般に、表現内容を規制することは、ごく例外的な場合にしか許されないと考えられている。政治権力による言論統制の危険が大きいからである。しかし、番組編集準則は、紛れもなく表現内容規制である。なぜ、新聞にはない編集準則が放送に対して課せられているのか。それを正当化する強い理由はどういうものか。

憲法上、その特別な正当化として、伝統的には、①社会的影響力論（「衝撃説」または「お茶の間理論」ともいう）、②電波公物説、③番組画一説、④周波数稀少説、⑤国民の知る権利論を基軸にして①③および④をも放送規制の根拠として加味する総合論、が示されてきた[15]。

これらの伝統的な見解のうち、最も有力に主張されてきたのが、④周波数稀少説である。それによると、周波数の稀少性は、番組編集準則、とりわけ政治的公平、多角的論点の提示——いわゆる「公正原則」——を根拠づけることができる。なぜなら、電波周波数の「利用希望者の中の一部の者にのみ利用が認められるのであるから、被免許者に電波を独占的に自由に利用させるのではなく、利用を認められなかった希望者の声も代弁するように、被免許者をいわば受託者として扱うことが正当化され、そのゆえに公正原則が正当化される[16]」からである。そうであるならば、周波数の稀少性という放送に特有の事情のもと、表現内容規制である番組編集準則は例外的に憲法第21条上許容される。

もっとも、この見解に立つと、放送事業者を市民の受託者として扱う以上、番組編集準則を倫理規範ではなく、法的拘束力を有する規範として解釈することも可能となる。実際に、公正原則については、限定的で明確な表現による番組編集準則および違反認定手続のそれぞれの整備を条件にしつつ、その法的拘束力を認める余地があると主張する見解も存在するのである。[17] これに対して、「意見書」のように解釈することにより、番組編集準則を倫理規範として解釈することも可能であり、1960・70年代において、むしろこの解釈の方が支配的であった。[18]

しかし、近年では、多チャンネル化により周波数の稀少性は解消されつつあることから、④により番組編集準則を正当化できないと批判されている。それ以外の伝統的見解についても、①そこでいう「放送」の影響力の証明がなされていないこと、②公物概念が不明確なこと、③いかなる基準により画一的と判断するのか不明であること、⑤以上の諸根拠が薄弱であればそれを総合しても意味がないこと、などと批判されている。[19] また、放送において「主要な情報源が少数のマスメディアによって掌握されている、そのボトルネックとしてのリスクに対処するというのが規制の実際の根拠であって、規制の具体的な執行の目安として希少性や社会的影響力というものを持ち出してきている」のにすぎず、それらは「いずれも物差しではあってもそもそもの根拠ではない」[20]との指摘もある。この指摘を踏まえて、⑤「総合論」の基軸である国民の知る権利を前面に出して、マスメディア（放送）の自由を規範的に啄彫しようとする学説が散見されるようになり、[21] その一環として番組編集準則の正当化も試みられている。

2　国民の知る権利による基礎づけ

国民の知る権利の理論は、表現の自由を「国民」主権原理と結合させて、「国民」一般である受け手の側から把握し直す考え方である[22]。マスメディアとの関連では、次のような現状を打破するために打ち立てられた。送り手と一般国民たる受け手の固定化の構造の下、巨大化・独占化したメディア企業により一方的に流される情報が市場の論理を媒介にした「自主規制」を通して統御され、その多様性が喪失しているという現状である[23]。主権者たる国民の選択権が奪われている事態ともいえよう。この事態に対応するために、国民の知る権利を基礎とするマスメディアの自由、とりわけ放送の自由は、多様な情報の流れの保障という目的を担うようになる。その結果、放送事業者の取材・報道の自由は、個人の表現の自由と比べ、より厚く保護されるようになる一方、情報の多様性の保障を実現するための規律を受ける可能性が出てくる。番組編集準則は、この規律の一例である。ここに至り、放送の自由は、「国家からの自由」の側面のみならず、「国家による自由」の側面を有するようになったようにも見える。

この文脈からすると、冒頭で触れた放送事業者の番組編集準則違反を非難する民間の団体が、国民の知る権利を強調していたのは、きわめて興味深い。しかし、国民の知る権利を基礎に放送の自由を組み立てることに賛意を表している学説も、そもそも国民の知る権利からマスメディアに多様な情報を流すことを要求できる国民一人ひとりの権利を導き出すことには消極的である[24]。この種の権利の承認は、マスメディアに対する広汎な公権的規制を招くおそれがあるからである。マスメディアとの関係での国民の知る権利は理念的意味しか持たず、したがってそれを具体化する番組編集準則も倫理規定であるにすぎない[25][26]。

なお、国民の知る権利という理念の共有の点では、印刷媒体と放送の間に実質的な違いがない。にもかかわらず、放送にのみ番組編集準則が課されている。これを正当化する理論として、（番組編集準則のように倫理規定であれ）規制を受けるメディアとそうでないメディアとの相互作用により国民の知る権利の理念がより良く実現されうるという「部分規制論」が持ち出されることが多い[27]。

以上のように、国民の知る権利を基礎に放送の自由を把握する近時の学説も、その多くは、情報の多様性の実現という美名のもと、権力監視のために不可欠な放送の「国家からの自由」が掘り崩されることを危惧して、番組編集準則を倫理規定として解釈している。この見解に対しては、次の二つの、相容れない立場からの批判が妥当しよう。一方で、国民の知る権利の理念は、放送事業者の取材・報道の自由を拡大させるのに対し、それに対応する義務を課さないのはバランスを欠くのではないか、という批判である。他方で、放送の自由を国民の知る権利の実現を目的とする手段的な自由と捉えた結果、政府による干渉の危険性を大きくしてしまっている[28]、という非難である。番組編集準則を倫理規定として解釈することは、前者の立場からすれば、首尾一貫しておらず、後者の立場からすれば、同準則を倫理規定と解釈することですら、放送の自由にとって危険であり、憲法第21条に違反する。

3　放送の自律と番組編集準則

こうした批判を踏まえて、番組編集準則をどう考えるべきであろうか。

確かに、近時の政府の番組編集準則解釈に考えを及ぼすならば、番組編集準則を違憲と判断した方が、放送番組に対する政府介入を防ぐ意味でも、説得的であるかもしれない。しかし、ＢＰＯの「意見書」を検討する際に明らかにしたように、番組編集準則の本来の役割は、番組内容に対する政府介入を防ぐ点にある。この役割を前提にすれば、「国家による自由」の側面をも有する国民の知る権利を基礎にして、番組編集準則を新たに正当化することも可能であるように考えられる[29]。

最高裁判所も、「博多駅事件」決定（最大決昭和44・11・26刑集23巻11号1490頁）において、「報道機関の報道は、民主主義社会において、国民が国政に関与するにつき、重要な判断の資料を提供し、国民の『知る権利』に奉仕するものである」と指摘しており、民主主義の維持、国民の知る権利の奉仕という社会的役割の観点から報道機関の自由を把握している。多様な情報提供に対する国民の期待としての国民の知る権利は、憲法第21条に基礎づけられ、放送事業者に対して、とりわけマイノリティの声、沈黙を強いられている声、埋もれている事実を拾い上げることを求めている。それは、事実と対話している番組制作者の役割であり、そのために必要なジャーナリズム倫理を掲げているのが番組編集準則である。

したがって、ジャーナリズム倫理規範としての番組編集準則の名宛人は、第一に番組制作者である。倫理規範はとりわけ、直接、行為を制御するものではなく、むしろ行為の選択の可能性と論拠を提供する。番組編集準則も一人ひとりの番組制作者に対して活動の根拠を与える。番組制作者は、この根拠に基づき、事実と対話し、事実からの反応を見て自己の活動を反省していく。この一連のプロセスのなかで、番組制作者は自ら普遍的と考えるジャーナリズムの倫理を作りだし、それに服従する。このプロセスこそが放送の自律、正確にいうと、一人ひとりの番組制作者の自律である。

そのうえで第二に、番組編集準則は、放送事業者を名宛人として、この自律を歪めないように要請している。それは、放送事業者と番組制作者との対話を促し、放送の自律を実現することにもなろう。そして、事業者側の経営・政治的圧力に対して、ジャーナリズムを体現する番組制作者の自律を擁護する組織原理として番組編集準則を再解釈できるのであれば、放送事業者を名宛人とする限り、法規範性を有する。ここに「国家による自由」の側面が反映されているのである。

以上のように番組編集準則は、番組内容への政府介入を排除するのみならず、番組制作者の自律を積極的に

する国民の信頼を維持できるのではなかろうか。

保障する。この自律は、国民(とりわけマイノリティ)との対話も含意しており、そうして初めて、放送に対

では、番組制作者は? 放送事業者は?

本稿は、憲法第21条で保障されている国民の知る権利の下、番組制作者の自律を積極的に保障する規範として番組編集準則を解釈した。そして、番組編集準則は放送事業者を名宛人とする限り、組織原理として法規範性を有するとの見方も示した。

もとより、以上の理解は、「意見書」が強調していたように、番組内容に対する政府介入を防ぐという番組編集準則の役割を前提にしなければならない。しかし、前述の通り、番組編集準則が政府により個々の放送番組の内容に介入する根拠として逆方向に解釈されている以上、この準則は端的に表現内容規制として憲法第21条に違反すると主張した方が、番組内容に対する政府介入を防ぐうえで理に適っているのかもしれない。番組編集準則が廃止されたとしても、放送事業者が番組制作者の自律を保障し、番組制作者の間でジャーナリズム倫理が確立しているのであれば、国民の知る権利にとっても不都合はない。

では、番組制作者の間でジャーナリズム倫理は確立しているのか。放送事業者はジャーナリズム倫理を尊重しているのか。番組編集準則のあり方が議論されている現在、放送事業者と番組制作者は、この問いに向き合うことが迫られているように思われる。

(にしど しょういちろう・成城大学法学部教授)

注

（1）松田浩『ドキュメント放送戦後史Ⅰ――知られざるその軌跡――』（双柿舎、1980年）120頁。
（2）第7回国会衆議院電気通信委員会議事録第1号昭和25年1月24日20頁の網島政府委員の答弁。
（3）第40回国会衆議院逓信委員会議事録第16号昭和37年3月14日3頁の国務大臣の答弁。
（4）郵政省「放送関係法制に関する検討上の問題点とその分析」臨時放送関係法制調査会『答申書　資料編』（1964年）362頁。
（5）第68回国会参議院逓信委員会議事録第20号昭和47年6月8日19頁の国務大臣の答弁。
（6）第80回国会衆議院逓信委員会議事録第13号昭和52年4月27日20頁の石川政府委員の答弁。
（7）第126回国会衆議院逓信委員会議事録第4号平成5年2月22日16頁の木下政府委員の答弁。
（8）以下につき、西土彰一郎「表現の自由のために――番組編集準則は制作者の倫理確立を支える」新聞研究775号（2016年2月）35頁以下。
（9）第128回国会衆議院逓信委員会議事録第2号平成5年10月27日2頁の江川政府委員の答弁。
（10）清水直樹「放送番組の規制の在り方」調査と情報597号（2007年）1頁以下、鈴木秀美ほか編著『放送法を読みとく』（商事法務、2009年）74頁以下〔笹田佳宏〕。
（11）鈴木秀美「放送法の『番組編集準則』と表現の自由」世界2016年1月号125頁。
（12）清水・前掲注（10）4頁。
（13）鈴木・前掲注（11）125頁。
（14）前述の網島毅電波監理長官の説明で示された制度趣旨を有する放送法と、電波の周波数の稀少性の下、その能率的利用を図ることを趣旨とする電波法は、異質の法体系に属するといえる。にもかかわらず、電波法第76条において放送法と電波法が結合しえたのは、放送行政を担うために設置され、政治的に独立した電波監理委員会（そして、その設置法である電波監理委員会設置法）が存在していたためである。しかし、電波監理委員会設置法は1952年7月31日に廃止され、その後の放送行政は独任制行政庁により担われていることに注意する必要があろう。
（15）参照、芦部信喜『人権と議会政』（有斐閣、1996年）74頁以下。以下の説明につき、参照、島崎哲彦＝池田

正之＝米倉律編『放送論』（学文社、２００９年）64頁以下〔西土彰一郎〕。

（16）松井茂記「放送における公正と放送の自由――放送法の『公正原則』の再検討」石村善治先生古稀記念論集『法と情報』（信山社、１９９７年）３１３頁。

（17）市川正人『ケースメソッド憲法〔第二版〕』（日本評論社、２００９年）１６４頁以下。ただし、文字通り「政治的に公平であること」は要求できないとも指摘している。

（18）伊藤正己「放送の公共性」日本民間放送連盟放送研究所編『放送の公共性』（岩崎放送出版社、１９６６年）57頁、内川芳美「放送における言論の自由」内川芳美＝岡部慶三＝竹内郁郎＝辻村明編『講座　現代の社会とコミュニケーション３　言論の自由』（東京大学出版会、１９７４年）99頁。

（19）松井・前掲注（16）３１５頁以下。

（20）長谷部恭男「ブロードバンド時代の放送の位置付け」長谷部恭男＝金泰昌編『公共哲学12　法律から考える公共性』（東京大学出版会、２００４年）１２２頁。

（21）曽我部真裕「表現の自由論の変容」法学教室３２４号（２００７年）18頁、宍戸常寿「情報化社会と『放送の公共性』の変容」放送メディア研究５号（２００８年）１８０頁。

（22）清水英夫『言論法研究』（学陽書房、１９７９年）15頁。

（23）奥平康弘『表現の自由Ⅱ』（有斐閣、１９８３年）３００頁、石村善治『言論法研究Ⅱ』（信山社、１９９３年）３頁以下。

（24）奥平・前掲注（23）３１２頁。

（25）長谷部恭男『テレビの憲法理論』（弘文堂、１９９２年）１６８頁。ただし、芦部・前掲注（15）65頁以下は、番組編集準則の制定は、国民の知る権利の社会権的性格を充足するための国の責務に属するとしたうえで、「政治的公平と多角的論点解明の準則（中略）については、一定の制裁を伴う法規範性を容認することも許されてよいように思われる」と述べている。しかしその際には、「個々の番組内容に対する公権力の介入を排除するための限定的な解釈および運用が行われなければならない」（強調本稿筆者）とも指摘している。

（26）なお、伝統的な見解とは異なる放送の自由論を唱える学説は、それらのニュアンスを異にしている。例えば、放送に関しては、プレスとの憲法的伝統の相違により表現の自由の主観権的側面の行使（各人による自由な表現活動）が客観法的側面（多様な情報の流通）に繋がるという規範意識が人々の間に根付いていない点を捉えて、放送の自由を「未成熟な基本権」として性格づける説（浜田純一『メディアの法理』（日本評論社、1990年）151頁以下）、憲法が保障する権利を「切り札」としての権利と公共財としての性格ゆえに保障されている権利とに分けたうえで、マスメディアの自由は社会で共有されるべき「基本的情報」の提供のために認められる後者の権利のみに属し、したがって「基本的情報」の確保のために個人には認められない特権および制約が許されるとする説（長谷部恭男『憲法学のフロンティア』（岩波書店、1999）169頁以下）、がある。また、団体の基本的人権の享有主体性という観点から、マスメディアの表現の自由は、マスメディアを構成するジャーナリストの表現の自由を実現するためにこそ認められ、こうしたジャーナリストの表現の自由の実現、国民の知る権利の保障という目的のためにマスメディアは特権を認められ、あるいは制限を受けることがあるとする説（市川・前掲注（17）164頁以下）もある。

(27) 例えば、参照、長谷部・前掲注（25）96頁以下。

(28) 参照、松井茂記『マス・メディアの表現の自由』（日本評論社、2005年）。

(29) 以下につき、西土・前掲注（8）36頁以下。

Ⅱ

メディアの現場はどうなっている

5
安倍政権
テレビ介入の系譜

砂川　浩慶

安倍政権のメディア介入がとまらない。

2016年に入っても、高市総務大臣の〝停波〟発言があり、安倍首相、菅官房長官も、高市氏を擁護する発言に終始した。

第一次安倍政権（2006年9月〜07年8月）でも、行政指導の乱発（番組単位で8件）や、菅総務大臣（現・官房長官）による番組介入を意図した放送法改正提案（野党との修正協議で削除）、NHK経営陣への介入など、様々な介入を行った。

2012年の第二次安倍政権発足後は、メディアの経営幹部との頻繁な会食が目についていたが、2014年後半以降は表立ったメディア介入が目白押しとなった。2014年12月の総選挙前には、自民党がNHK・在京テレビ5社に「公正・公平」を求める文章を党本部に官邸クラブキャップを呼びつけて手渡した。2015年は4月17日に、テレビ朝日とNHKを自民党本部に呼びつけた。個別の番組に対して、政権与党が呼びつけることなど、先進国ではありえない蛮行だ。6月25日の自民党「文化芸術懇話会」第1回会合では、出席者、講師を務めた作家・百田尚樹氏から「沖縄の2紙（琉球新報、沖縄タイムス）は潰せ」「経団連に圧力をかけてテレビ広告を出稿しなくすべき」との妄言が相次いだ。

9月19日の安保関連法案の強行採決後も、11月にはBPO（放送倫理・番組向上機構）が意見書で政治介入を戒めたことに〝反論〟を行い、そして2016年に入り、高市〝停波〟発言と続く。2016年4月の番組改編期には、テレビ朝日「報道ステーション」の古舘伊知郎氏、TBS「NEWS23」の岸井成格氏、NHK「クローズアップ現代」の国谷裕子氏の3人の番組キャスターが相次いで交代になり、〝安倍政権の圧力〟が問題視された（この項の詳細については、岩崎『放送レポート』編集長の論考を参照）。

本稿では、このような第二次安倍政権のテレビ介入をたどりながら、その問題点を明らかにしていきたい。

短絡的な文書要請

解散前日の2014年11月20日、NHKと在京テレビ5社を自民党に呼びつけ「選挙時期における報道の公平中立ならびに公正の確保についてのお願い」を示した。萩生田光一・自民党筆頭副幹事長と福井照・同党報道局長の連名で、各局の報道局長と編成局長あて。出演者の発言回数・時間▽ゲスト出演者の選定▽街頭インタビュー・資料映像の使い方▽特定の立場から特定の政党出演者への意見集中がないこと、の4項目にわたって対応を求めるもの。

前々日の11月18日のTBS「NEWS23」に出演した安倍首相がアベノミクスに批判的な街頭インタビューが多いことに苦言。自民党の役員連絡会で話題となり、党としての文書を作成したと萩生田氏は毎日新聞の取材に応えている。政権党がマスメディアに圧力をかけることの影響の大きさを分かっていない。実際の因果関係は明らかではないが、ワイドショーの総選挙報道は激減し、テレビ朝日の「朝まで生テレビ」はゲスト出演を取りやめた。

この問題について、私は「他の先進国では政府から独立した機関が免許を交付する。日本は放送に対する政府の関与が大きい。放送法4条には『政治的公平』の後に、『意見が対立している問題についてはできるだけ多くの角度から論点を明らかにするように』とあり、それが実は公平公正。いま国民が知っておくべき論点はどうなのかと考える中で、テレビ局が自律的に判断するしかない」とコメントしたが、露骨な政治介入だと思っている。

この2014年の総選挙の報道については、政治学者の逢坂巌氏が2015年3月27日、「テレビの選挙報道は史上最低に～データが示す2014総選挙報道の実態」を発表した。これによれば、「解散日から投票日までの総報道量は70時間17分。これはこの10年間で最も報道量の多かった05年総選挙の5分の1、最も少なかった03年選挙比べても半分にしか過ぎない少なさである。まず、キー局全体では14年は12年に比して42%の報道しかされなかった。民放はほとんどが40%を下回っている。特にフジテレビは26%と三分の一以下に報道量を減らしている。番組のタイプ別では、ワイドショーが17%と極端に報道量を下げている。どれもひどいが、テレビ朝日（11%）やフジテレビ（3%！）の数字が目立つ。2012年にはフジテレビのワイドショーは活発な選挙報道を展開し、看板番組の『とくダネ！』は放送批評懇談会からその選挙報道に対して月間ギャラクシー賞を授与するなどしていた。しかし、2014年の選挙では選挙特集を組まなかったどころか、選挙に関連する情報提供をほとんどおこなわず、フジのワイドショーの報道量の激減に大きく貢献している」（『THE PAGE』）と分析している。同様の調査を実施した法政大学・水島宏明教授も同様の結果を報告するとともに、番組をはじめ、街頭インタビューの放送が極端に減ったとの影響を示している。

自民党が出した文書の効力は実証できないが、結果として報道量が減ったのは事実であった。

先進国ではありえない個別番組での与党呼びつけ

２０１５年４月17日には、自民党情報通信戦略調査会がＮＨＫとテレビ朝日の幹部を呼びつけた。「情報通信戦略調査会」は個別テーマごとに20を超えて設定された党内の調査会の一つで、会長は川崎二郎氏。個別番組のことで、与党が党本部に呼ぶのは前代未聞。両社の看板番組「クローズアップ現代」「報道ステーション」について、「事実関係を聞いた」（自民党幹部）という。毎日新聞が報じたところによれば、聴取の予定が伝えられた14日から20日にかけて、計24番組（計50分31秒）がヒットした。放送時間が長かった上位３コーナーは（１）Ｎスタ＝ＴＢＳ８分34秒（２）news every.＝日本テレビ５分25秒（３）あさチャン！サタデー＝ＴＢＳ５分15秒――。他の番組も、「自民党『異例の聴取』」（ＬＩＶＥ２０１５あしたのニュース&すぽると！＝フジテレビ）「与党内からも懸念の声」（ＮＥＷＳ23＝ＴＢＳ）などと批判的な見出しが躍った。「視聴率競争という垣根を越えた連帯は、報道の自由に対する危機感の強さの表れなのだろう」と締めくくっている。

ＮＨＫに対しては、総務省が４月28日に「厳重注意」を行い、５月21日には自民党が再度、ＮＨＫを呼びつけた。

この件については、３つの論点がある。

一つはいうまでもなく政権党が個別番組の件で放送局を呼びつける異常さである。放送法は、第１条「目的」の２項で「放送の不偏不党、真実及び自律を保障することによって、放送による表現の自由を確保すること」を定めている。この主体は明示されていないが、文脈から行政であることは明らかである。であれば、総務省は放送局の自律を妨げ、公権力の介入という形で表現の自由の確保を妨げる自民党に対してこそ「放送法違反」の行政指導を行うべきだ。

2点目は、この問題をNHKは一切報道していないことだ。メディアが問題視されたことを自らのメディアで伝えることは絶対に必要だ。そうでなければ市民はメディア規制の動きすら知らないままとなる。

3点目は第一次安倍政権を彷彿とさせる行政指導だ。既にクローズアップ現代は曲がりなりにもNHKが報告書を出し、BPOの審議対象にもなっている。それに行政指導を行うことは萎縮効果を生む。

本音が出た自民党勉強会での妄言

2015年6月25日開催の自民党第1回「文化芸術懇話会」で、出席した自民党議員や講師をつとめた作家の百田尚樹氏が、数々の〝妄言〟を発した。
主な発言を列挙しよう。
「マスコミを懲らしめるには、広告料収入がなくなるのが一番。安倍晋三首相も言えないことだが、不買運動じゃないが、日本を過つ企業に広告料を支払うなんてとんでもないと、経団連などに働きかけしてほしい」(大西英男衆院議員)
「青年会議所理事長の時、マスコミをたたいたことがある。スポンサーにならないことが一番(マスコミは)こたえることが分かった」(井上貴博衆院議員)
「本当に沖縄の二つの新聞社は絶対つぶさなあかん。沖縄県人がどう目を覚ますか。あってはいけないことだが、沖縄のどっかの島でも中国にとられてしまえば目を覚ますはずだ」(百田氏)
「もともと普天間基地は田んぼの中にあった。周りに何もない。基地の周りが商売になるということで、みんな住みだし、今や街の真ん中に基地がある。騒音がうるさいのは分かるが、そこを選んで住んだのは誰やと言

いたくなる。基地の地主たちは大金持ちなんですよ。彼らはもし基地が出て行ったりしたら、えらいことになる」(同)

「沖縄の米兵が犯したレイプ犯罪よりも、沖縄県全体で沖縄人自身が起こしたレイプ犯罪の方が、はるかに率が高い」(同)

講師の百田氏がどのような人物かは、当然、自民党は知っていたはずだ。安倍首相の肝煎りでＮＨＫ経営委員に指名されたことは周知の事実であり、首相との共著も刊行している。この「沖縄の二つの新聞社は絶対つぶさなあかん」発言の後も、ツィッターで「私が本当につぶれてほしいと思っているのは、朝日新聞と毎日新聞と東京新聞です」と述べている。

非公開の場という油断があったのだろうが、逆にいえば元々の考えが出てきた「本音トーク」で、オフレコだから済まされるものではない。民間人の発言とはいえ、人選の段階で何を話すかは想像できるし、自分たちの思いを代弁する人を呼んでいるわけで、主催者としては発言内容に責任を持つべきだし、意に沿わない発言なら指摘する必要があるだろう。

これらの発言に対して、6月29日、日本新聞協会が「特に政権与党の所属議員でありながら、憲法21条で保障された表現の自由をないがしろにした発言は、報道の自由を否定しかねないもので到底看過できず、日本新聞協会編集委員会として強く抗議する」との抗議声明を発表。同日には、民放連も「報道機関の取材・報道の自由を威圧しようとする言動は、言論・表現の自由を基盤とする民主主義社会を否定するものであって容認しがたい。とりわけ、与党自民党の国会議員からこれらの言葉が発せられたことは誠に遺憾である」との会長コメントを発表した。

この問題は、私的勉強会レベルの話ではない。自民党全体の問題だ。現に、同じ25日に予定されていた「過去を学び『分厚い保守政治』を目指す若手議員の会」は、自民党幹部からの圧力で中止となった。つまり、自民党は党の方針として「文化芸術懇談会」を選択したのだ。

報道の自由の根っこにあるのは、少数意見の尊重である。東京から見て「少数」である沖縄の意見を「つぶせ」というのは権力のおごりであって、民主主義の根幹を理解していないといわざるを得ない。

これに対して、私は「『つぶせ』権力のおごり」（朝日新聞 6月27日朝刊）「全体主義の発想」（毎日新聞 6月27日朝刊）などのコメントを行った。この問題について、「琉球新報」から寄稿を求められた。「沖縄2紙〝つぶす〟発言『権力とメディア』を考える」第一回として、6月29日に掲載された論考に、「琉球新報」は「異常さに慣れるな　メディアの力結集を」との見出しを付けた。まさに、安倍政権のメディア介入は異常である。それに慣れてはいけないのだ。

BPO意見書に異例の反論

BPO放送倫理・検証委員会は2015年11月6日に「NHK総合テレビ『クローズアップ現代』〝出家詐欺〟報道に関する意見」を公表した。28ページからなる意見書は、25ページまでを審議対象である「クローズアップ現代　追跡〝出家詐欺〟～狙われる宗教法人」（2014年5月14日放送）とその前段の番組の検証に割く。その結果、これら2番組は重大な放送倫理違反があったと結論付けている。

この『クロ現』番組については、放送後10カ月たった2015年3月、「週刊文春」がやらせ告発との記事を掲載。その取材を受けた出演者が4月1日付でNHKに訂正放送を求め、NHKは4月3日に調査委員会を立ち上げ、同月9日に「中間報告書」、同月28日に「最終報告書」を公表している。この間、先に述べたように、4月17日には自民党が『クロ現』に関してNHK、『報道ステーション』に関してテレビ朝日の2局を呼びつけた（NHKはその後も）。「最終報告書」の発表当日には、高市早苗・総務大臣が即日「厳重注意」した。

このような政治介入について、BPO意見書は「おわりに」で明確にNOを突きつけた。

意見書は、憲法21条の表現の自由を引いたうえで、放送法の目的を定めた第1条2号「放送の不偏不党、真実及び自律を保障することによつて、放送による表現の自由を確保すること」を解説する。この条文について、「しばしば誤解されるところであるが、ここに言う『放送の不偏不党』『真実』や『自律』は、放送事業者や番組制作者に課せられた『義務』ではない。これらの原則を守るよう求められているのは、政府などの公権力である」と解説する。総務大臣が「行政指導」の根拠とした放送法の番組編集準則などについても「これらの条項は、放送事業者が自らを律するための『倫理規範』であり、総務大臣が個々の放送番組の内容に介入する根拠ではない」と政治介入を批判している。

このBPO意見書に対して、同日には高市総務大臣が談話を発表、この中で「放送法の番組準則は、法規範性を有する」と反論。9日には菅官房長官が会見で同趣旨を述べ、10日の予算委員会では、高市総務大臣とともに、安倍総理も「単なる倫理規定ではなく法規であり、法規に違反しているのだから、担当省庁が法に則って対応するのは当然」と答弁した。谷垣禎一・自民党幹事長は9日の会見で「報道の自由があるから一切やらせに対して口をつぐんでいるのが良いとは私は思わない」とBPOを批判している。

臨時国会を開かず閉会中審査で行われた11月10日の衆議院予算委員会での高市総務大臣の答弁を多少詳しくみる。放送法4条の番組編集準則を「倫理規定」とするBPO意見書に、高市大臣が「法規範性を有する」と反論した場面だ。この答弁で「放送事業者が仮に放送法に違反した場合、総務大臣は放送法第174条に基づき3カ月以内の業務停止命令、さらに電波法第76条に基づき3カ月以内の無線局の運用停止命令を行うことができる旨定めれていますから、これは放送法の規定というのが法規範性を有することによるものだと思っています」と述べている。

たしかに、電波法第76条は「総務大臣は、免許人等がこの法律、放送法若しくはこれらの法律に基づく命令又はこれらに基づく処分に違反したときは、三箇月以内の期間を定めて無線局の運用の停止を命じ、又は期間を定めて運用許容時間、周波数若しくは空中線電力を制限することができる」と定めるが、放送法には第４条（番組編集準則）の違反した場合の罰則規定はない（だからこそ、「倫理規定」なのだが）。従って、第４条違反で免許停止になった例もないのだ。

さらに問題なのが、放送法１７４条の適用である。この条文は（業務の停止）として「総務大臣は、放送事業者（特定地上基幹放送事業者を除く。）がこの法律又はこの法律に基づく命令若しくは処分に違反したときは、三月以内の期間を定めて、放送の業務の停止を命ずることができる」だ。傍点を引いたように「特定地上基幹放送事業者」は除外されている。この特定地上基幹放送事業者とは、地上テレビ、ラジオを指す。つまり、地上テレビ、ラジオに適用されない条文を引いてあたかも業務停止命令が出せるとの答弁を行っているのだ。大臣答弁の草稿を書いている総務官僚は当然承知しているはずであり、政治家と官僚が結託した『違法答弁』ともいえる。

２０１５年12月11日、ＢＰＯ放送人権委員会は「出家詐欺報道に対する申立て」の決定を発表。この中で「民主主義の根幹である報道の自由の観点から、報道内容を委縮させかねない、こうした政府および自民党の対応に強い危惧の念を持たざるを得ない」と述べている。

政府・与党が一体となって、違法な政治介入を繰り返す中、放送法が求める放送事業者の「自主自立（自律）」が問われる事態となっている。今回の事例にように、違法な解釈を一つ一つ問題視していくことも重要な点だ。

高市総務大臣「停波」発言の意味するもの

さらに2016年2月には高市総務大臣による「停波」発言問題が起こった。事実関係は次のとおりである。

発端は2016年2月8日の衆議院予算委員会での答弁。「政治的公平」を定めた放送法4条に違反したことを理由に、放送局に電波停止を命じる可能性に言及し、翌日以降も総務大臣会見や国会で、同様の答弁を繰り返した。菅義偉・官房長官は翌九日の会見で「一般的な法解釈の中で、従来通りの総務省の見解を答弁した」と擁護。安倍晋三・首相も前回同様、10日の衆議院予算委員会で「法令について従来通りの一般論を答えた」と追認。さらに安倍首相は「何か政府や我が党が、高圧的に言論を弾圧しようとしているイメージを印象づけようとしているが全くの間違いだ。安倍政権こそ、与党こそ言論の自由を大切にしている」と主張した。

さらに、高市総務大臣は、2月12日の衆議院予算委員会理事懇談会で「政治的公平の解釈について（政府統一見解）」との文章を配付し、従来の「放送事業者『番組全体を見て判断する』としてきたものである。この従来からの解釈については、何ら変更はない」としながら、一つの番組のみでも、政治的公平を確保していない例を「これまでの解釈を補充的に説明し、より明確にしたもの」として、あげた。

これは、

① 選挙期間中又はそれに近接する期間において、殊更に特定の候補者や候補予定者のみを相当の時間にわたり取り上げる特別番組を放送した場合のように、選挙の公平性に明らかに支障を及ぼすと認められる場合、

② 国論を二分するような政治課題について、放送事業者が、一方の政治的見解を取り上げず、殊更に、他の政治的見解のみを取り上げて、それを支持する内容を相当の時間にわたり繰り返す番組を放送した場合

のように、当該放送事業者の番組編集が不偏不党の立場から明らかに逸脱していると認められる場合、をあげる。

「従来と変わらない」といいながら、個別番組への基準まで例示する、明らかに踏み込んだ対応だ。参議院選挙を前に、安倍政権のメディア感が凝縮されているともいえる。

このような高市氏、安倍政権の対応に対して、朝日、毎日、読売、東京などの新聞各紙が社説で警鐘を鳴らすとともに、民放労連が発言の撤回を求める抗議書と公開質問状を出し、NHK・OBを中心とする「放送を語る会」やJCJ（日本ジャーナリスト会議）などが抗議や辞任を求める声明を出した。また、2月29日には、民放テレビ局キャスターの田原総一朗、鳥越俊太郎、岸井成格、大谷昭宏、金平茂紀、田勢康弘、青木理各氏が日本記者クラブで記者会見。「私たちは怒っている—高市発言は憲法と放送法の精神に反している」とする声明を発表、記者会見を実施した。3月2日には、憲法学者を中心とする「立憲デモクラシーの会」が「高市総務大臣がいう放送法四条を根拠する電波停止は、憲法違反」との声明を記者会見で明らかにした。2月後半からの在京テレビ各社の社長会見でも高市発言への懸念が示された。

根底にある「表現の自由」の軽視

先述したように、放送法第四条の「番組編集準則」が「倫理規範」にすぎないことは、放送法制定時から長年の議論で明白である（従って、直接的な罰則は規定されていない）。1993年のテレビ朝日報道局長問題で、当時の放送行政局長が「最終判断は郵政省（現・総務省）が行う」と発言して以降、今回のような「4条違反は電波法76条による免許停止が可能」との見解が出てきたが、適用例はない。

重ねていうが、「倫理規範」と解釈されてきたのは、憲法21条「表現の自由」があるためだ。4条が規制根拠となると、放送法が憲法違反の法律となってしまうのだ。度重なる安倍政権の異常なテレビへの介入のベースには、何度も指摘するように「表現の自由」への軽視がある。

この問題について、テレビ朝日「報道ステーション」やTBSテレビ「NEWS23」「報道特集」では解説も含め、取り上げたが、NHKは「ニュースウオッチ9」内でストレートニュースで報じたのみであった。これでは視聴者には問題が理解できない。番組での解説こそが大事なのだ。

「表現の自由」は国民のもの

番組の良し悪しを決めるのは視聴者だ。いわんや「政治」に関わる番組を当の政治家が決めることはありえない。

世界人権宣言や日本国憲法の「表現の自由」は国民一人ひとりに与えられているものだ。国家権力と国民の間に立って、「権力の監視」を行うメディアの「表現の自由」が規制を受けると多様な情報が流れなくなり、国民の「表現の自由」も失われる。特に政治情報はそうだ。

安倍首相は「安倍政権こそ、与党こそ言論の自由を大切にしている」と豪語した。しかし、本当だろうか。

世界の報道の自由や言論の自由を守るために、1985年にパリで設立された世界のジャーナリストによるNGOに「国境なき記者団」がある。活動の中心は、世界各国の報道機関の活動と政府による規制の状況を監視することだ。この「国境なき記者団」は2002年から毎年、「世界報道の自由ランキング」を発表している。2010年に11位を記録した日本は、東日本大震災以降、順位を下げ、2012年に22位、安倍政権が「特定秘密保護法」を強行採決した2013年には53位、2014年59位となり、そして2015年にはついに過去最低の61位までランキングを下げている。このことをどう考えるのだろう。根拠なき「レッテル張り」は、自らに帰ってくる。

違法な政治介入は許さない

この項を終わるにあたり、２０１５年11月30日にメディア総研が発表した「私達は、違法な政治介入を許しません」を掲載する。違法な政治介入に警鐘を鳴らし続けることの重要性は今後も続く。

私たちは違法な政治介入に強く反対します。「表現の自由」に基づく放送法の「自主自律」を各放送事業者が実践し、権力を監視し国民の「知る権利」に応える番組が多く放送されることを強く求めます。

1. 放送法は憲法21条「表現の自由」に基づいて定められたものです。戦前の暗黒時代の真摯な反省に基づくものです。安倍晋三・総理は、「私にも『表現の自由』がある」と繰り返し述べますが、これは歴史への冒涜です。表現の自由は少数者や社会的弱者のために培われたものであり、権力者のためではありません。

2. この「表現の自由」に基づく、放送法4条は放送局の倫理規定です。立法時、その後の政府答弁でも何度も繰り返し答弁されています。

3. その根拠は、一つの番組の中でバランスを取ることは不可能であり、放送局が番組全体で多様な意見を伝えることで判断すべきという極めて現実的なものです。一つの番組での発言を取り上げて、法律違反を求めることは「もの言えば唇寒し」という暗黒時代を招きます。

4. 従って、放送法には、この条項の違反に対する直接的な罰則規定はありません。
5. にもかかわらず、高市早苗・総務大臣は国会（2015年11月10日の予算委員会閉会中審査）で放送法第174条（業務の停止）をあげていますが、この条文は地上放送（条文上は特定地上基幹放送事業者）には適用されません。総務大臣が意図的に拡大解釈をしていることこそ問題です。
6. 先進国の中で、政権や与党が特定の番組に関して呼びつけることはありえません。「表現の自由」を尊重することが民主主義の発展につながるとの合意があるからです。テレビ朝日、NHKを呼びつけた自民党こそ、放送法違反で総務大臣は厳重注意すべきなのです。
7. 「違法な報道」との名を借りた、個人攻撃の広告が読売新聞と産経新聞に相次いで掲載されました。誤った根拠によって規制強化を求めることは、テレビの表現の幅を狭め、国民の「知る権利」を奪うものです。このような卑劣な手法に、放送局は屈することなく、断固「自主自律」を貫くべきだと考えます。

（すなかわ　ひろよし・立教大学教授／メディア総研所長）

6 メディアの現場で何が起きているか

岩崎 貞明

3キャスターの「降板」

NHK『クローズアップ現代』の国谷裕子、テレビ朝日系『報道ステーション』の古舘伊知郎、TBS系『NEWS23』の岸井成格…。2016年春、各放送局の看板キャスターとも言える顔ぶれが、相次いで降板・交代することになった。

常に新しさを追い求めるテレビ業界にあって、なじみの存在が画面から消えていくのは宿命とも言えるが、それが視聴者の間で大きな話題となり、各新聞もこぞって特集記事を掲載したのは、長寿番組の「主」が三人同時にいなくなるという話題性だけではない。折から、政府による放送局への政治圧力が陰に陽にかけられているという問題がさまざまに指摘されている中で、政権に批判的な姿勢も見せていた、と評価されていたニュース番組の「顔」が一挙に消え去るという事態は、「裏で何があったのか」「圧力で降ろされたのではないのか」などという人々の憶測を招くことになったとしても致し方ないことだろう。

こういった憶測には、それなりに理由があると思う。NHKの国谷キャスターについては、秘密保護法を特集した番組の中で菅義偉官房長官をスタジオゲストに招き、生放送の番組終了間際まで国谷キャスターが質問を重ねて、表面的な応答に終始した官房長官に食い下がったことが大いに話題になった。テレビ朝日の古舘キャスターについては、レギュラーコメンテーターだった元経産省官僚の古賀茂明氏が自身の番組降板の背景として首相官邸から番組に対して圧力があったことを生放送の番組中に暴露し、言い争いのようになった。

TBSの岸井氏については、政府からの圧力とはちょっと異なる。「放送法遵守を求める視聴者の会」なる団体が出した新聞の全面の意見広告で、番組内での発言を「放送法違反」として、名指しで糾弾されたものだった。意見広告は2015年11月14日付の読売新聞と11月15日付の産経新聞に掲載されたが、この内容に賛同する人も多いようで、2016年2月13日付の読売新聞に、この続編として賛同の声を掲載した意見広告も出されている。これらの意見広告では、NHK・民放各局のニュース番組における安保関連法制の報道の賛成意見・反対意見の放送時間の比率が円グラフで示され、テレビニュースが賛成意見をほとんど取り上げないのは偏向している、と批判していた。

ニュース番組におけるキャスターの位置づけは、たしかに重要であるが、キャスターの番組内での発言をどう捉えればいいのか。それはニュース番組がどのように作られているのかという実態と密接不可分だと言える。

キャスター発言の編集責任は

まず、番組の編集責任は誰が負っているのか。つまり、番組内での出演者の発言をめぐる責任は誰が負うべきなのかという命題だ。結論から言えば、番組内での発言の責任は放送局にあり、発言した個人の責任を追及することは筋違いだと考える。

「放送における編集責任は放送局にある」つまり、いわゆる「編集権」は放送局の経営者が保持しているというのが放送局の論理であり、これは1948年3月に日本新聞協会が公表した「編集権声明」にその淵源がある。ここでは、「編集権」について「新聞の編集方針を決定施行し報道の真実、評論の公正並びに公表方法の適正を維持するなど新聞編集に必要な一切の管理を行う権能」と定義した上で「編集内容に対する最終的責任は経営、編集管理者に帰せられるものであるから、編集権を行使するものは経営管理者およびその委託を受けた編集管理者に限られる。新聞企業が法人組織の場合には取締役会、理事会などが経営管理者として編集権行使の主体となる」としている。

この声明は、敗戦直後に新聞社で続発した労働争議を受けて新聞経営者の側が打ち出したものであり、「〜外部たると、内部たるとを問わずあらゆるものに対し編集権を守る義務がある。外部からの侵害に対してはあくまでこれを拒否する。また内部においても故意に報道、評論の真実公正および公表方法の適正を害しあるいは定められた編集方針に従わぬものは何人といえども編集権を侵害したものとしてこれを排除する」と明記しているのは、そういった当時の事情を反映したものだろう。これは今日まで新聞記者の「内部的自由」を抑圧する論理として利用されており、記者個人の表現の自由にかかわる重大な問題として深刻な影響を及ぼしているが、この問題についてはここではこれ以上立ち入らない。

放送における「編集権」も新聞と同様に企業の経営者に帰属するとしても、その実際の運用はどうだろうか。刻々と発生するニュースを、生放送を中心に文字どおり秒単位で視聴者に送り届けるという放送の特性上、編集権を経営者が保持していたとしても、現実にはそれを大幅に取材・報道の現場に移譲せざるを得ないのは、火を見るより明らかだ。生放送の場合は特に、番組上の表現、出演者の発言内容など現場での判断や裁量が番組の成否を大きく左右し、いくら入念に事前のチェックを心がけたとしても、予定どおりに放送が完了するとは誰も保証できない。しかし、可能な限り不安定要素を払拭して「本番」に臨むのが放送の仕事であり、そこにこそ編集という営為があると考える。

しばしば問題とされるのが、先述の意見広告でも批判の対象としていたニュース番組のキャスター・メイン司会者の発言だろう。しかし、一見自由に発言しているように見えたとしても、そこに至るには一定の準備の過程がある。ある在京テレビ局の内部資料では「社とキャスターは社の編成・編集方針を相互に認め合ったうえで出演契約を結んでおり、キャスターの発言は、原則として編成・編集方針の流れの中にある」と記されていた。もちろん、「放送における編集責任は放送局にある」ということがこの前提になっているのは言うまでもない。ニュース番組でのキャスターの発言について、ある程度の裁量を認めたとしても、それも含めて放送局の「編集権」の範囲内だという考え方と言えよう。

日常的にも、キャスターの発言はその場の思いつきではなく、スタッフとの議論も含めて周到に準備されているケースが、実際にはほとんどだ。筆者が経験した、キイ局のニュース番組の通常の番組制作のようすを振り返りながら、番組編集とキャスターの発言について検討してみよう。

ニュース制作の現場とは

夕方のニュース番組は、各局が一日のメインのニュースと位置づけているもので、今や3時間を超えるワイド情報番組となって各局が視聴率競争のしのぎを削っているが、こうしたニュース番組の放送時間のうち、報道局の常駐スタッフ（放送局の社員および外部スタッフからなる）が取材・編集して日々のニュースを送り出しているパートは、通常だと合計してもせいぜい1時間程度だ。このほかの時間は、ニュース番組と言いながら外部制作による企画ものが、その日の出来事はほぼ関係なく編成され、放送されている。もちろん、大きな出来事——大規模な自然災害や航空機事故など——が発生すれば、企画の部分は予定を変更して全面的に速報ニュースの時間と化す。こういう柔軟な編成が可能であるところに、定期刊行物とは異なる生放送番組の強みがあると言える。

こうしたニュース番組を制作する——どのニュースを、どういう順番で、どのように演出して放送するか、といった、番組全体をデザインする、ということ——のは、番組のプロデューサーではなく、当日の担当デスクが大きな役割を果たす。デスクが当日のニュースの項目順を決定し、それぞれのニュースをどのくらいの所要時間をかけて報じるかということについても、デスクに決定権が事実上委ねられている。もちろん、デスクは上司に当たるプロデューサーや部長・局長などの管理職に相談することは可能だし、逆に上司から業務の内容について命じられることもしばしばある。ちなみに、ニュースの時間帯は全国ネットの部分とローカル放送の部分に分かれるが、在京局の場合は制作者側に関東ローカルという意識が非常に薄く、ネットニュースとローカルニュースの違いについてはここでは立ち入らないことにする。

デスクはシフト制で、数人のデスクがメインニュース、サブニュースなど、担当を分担しながら回しているが、メインのニュースは毎日20分間程度、午後6時前から6時15分ごろまでの全国ネットのニュースだ。民放は各都道府県に別会社として営業している放送局が系列ネットワークを構成している（ネットワークに属さない独立系のテレビ局も、関東地区・中京地区・近畿地区には存在している）が、このネットワークに属している放送局が必ず同時に放送しなければならない、と各ネットワークのニュース協定で定められているのが、この全国ネットのニュースだ。この時間帯は、同じ系列に属するテレビ局は同じニュースを一斉に放送している。

このメインニュースの担当デスクは、当番となった日は朝7時くらいには出社して、新聞各紙のチェックと泊まり勤務者からの引き継ぎなどを行い、夕方のニュースのラインアップを考える。ニュースの予定は前日のニュース番組終了後に確認しているが、当日朝までに発生したこと（日本国内のみならず世界各地のニュースも含めて）などを考慮に入れて、夕方のニュースの組み立てを検討するわけだ。朝9時には社会部・政治部など取材記者を抱える出稿部のデスクたちとの打ち合わせ会議を行い、当日のニュースに即した記者の配置などを検討する。これに基づいて、ニュース番組の所属ディレクターたちにデスクが仕事を割り振って、それぞれ関係個所への取材に向かわせる。

ニュースキャスターたちは昼頃出社して、新聞各紙や各局のニュースをチェックし、午後2時ごろに夕方ニュースの打ち合わせをデスクやプロデューサーたちと一緒に行う。この時点では、夕方のニュースの項目表はほぼ完成に近い状態になっているが、プロデューサーやキャスターらの意見も参考にして、デスクが項目表に修正を施す。映像編集の担当者やスタジオ技術の担当、生中継の担当者なども、この項目表に基づいてデスクの発注を受け、スタッフを配置する。もし事件や事故などのいわゆる「発生もの」が起きたら、デスクがそのニュース価値を判断してすぐに項目表の差し替えが行われる。

キャスターのコメント部分は、取材したスタッフたちからの情報に基づいて、デスクが書くケースが多い。ニュースの「リード」に当たる冒頭の部分と、「受け」と言われるVTR明けの部分だ。取材・編集を担当するディレクターにとって、それぞれのニュースのVTR部分は自分の「作品」だから、VTRだけで完結するようなつくりをめざす傾向がある。ところが、スタジオで番組の進行を担当するキャスターにとっては、VTRで完結してしまうとスタジオで「受け」としてコメントすることがなくなってしまう。こうしたスタッフ間の立場による齟齬を調整するのも、デスクの役どころとなる。この調整の中で、キャスターのコメント内容が検討され、場合によってはそのコメント原稿をデスクが書くということになる。

生放送のニュース番組は、予定にないことが起きたり、機材のトラブルがあったりして、項目表のとおりに行かないケースもしばしばあるが、そういう不測の事態への対応は、一次的にはすべてデスクが判断を下し、決定する。CMを入れるタイミングや、ニュース項目の差し替え、オンエア時間中に発生したニュースをどう突っ込むか、速報ニュースを誰がいつ読むかなどの判断も、デスクがまず行う。つまり、ニュース番組におけるデスクというのは、放送局の編集権を一時的に委譲されている存在だと言えよう。キャスターは、このデスクと綿密な連携を取りながら、実際に番組を進行させる役を担っているもので、スタッフの総力によって作り上げられたニュース番組の、最後の仕上げを担当しているという見方が適当なのではないか、と考えている。

このように見てみれば、番組内におけるキャスターの発言は、個人的な心情の吐露などではなく、個人としての知識や経験に基づきながら、ニュース番組のスタッフの総意を具体的な言葉にして出す役割であるという位置づけがはっきりわかるだろう。

劣化するジャーナリズム

新聞やテレビにおけるジャーナリズムの「劣化」がしばしば指摘されている。そこには、権力に批判的なメディアが一定の人々から攻撃の対象となるという現象がある一方、逆に権力への批判が十分でないという批判も根強い。「権力監視」がジャーナリズムの社会的使命だとすると、権力者の言動に対する批判的な検討こそが報道機関の役割だと筆者は考えるが、権力批判が逆にバッシングの対象になるような風潮がある中で、権力監視機能も弱まらざるを得ない側面が出ているのかもしれない。

参議院本会議で安保関連法案の採決が行われた２０１５年9月19日未明。安保関連法の成立を受けて、報道各社が首相官邸で安倍首相に「ぶら下がり」インタビューを行った。日本の戦後の平和主義を転換させるような重大な法律が成立したというのに、なぜ首相官邸の記者会見室で通例のような公式の記者会見が行われなかったのだろうか。

参議院本会議での法成立が午前2時を回っていたという事情はあったかもしれないが、その後、安倍首相はメディアの単独取材を二つ受けてから自身の別荘へ向かった。朝日新聞の「首相動静」欄の２０１５年9月19日分には、次のように記載されていた。

【午前】2時23分、官邸で報道各社のインタビュー。28分、公邸。

【午後】3時3分、産経新聞のインタビュー。44分、日本テレビのインタビュー。6時27分、山梨県忍野村の日本料理店「忍野八洲」。増岡聡一郎鉄鋼ビルディング専務、秘書官らと食事。8時39分、同県鳴沢村の別荘。

これによると、未明の安保関連法成立を受けて行われた、報道各社による合同のぶら下がりインタビューは5分足らずの短いものだった。同日午後になっても改めて記者会見は行われず、日本テレビと産経新聞による単独インタビューがそれぞれ行われてから、安倍首相は山梨県鳴沢村の別荘に赴いたことになっている。特定のメディアの個別インタビューに応じる時間は確保しているのに、フリーの記者たちも参加できる公式の記者会見は行わない。このように記者会見を軽視するような態度を首相が取っていることに対して、内閣記者会や日本新聞協会からは正式な抗議はされていない。

迎合するメディア

こうした政権とメディアと関係性は、安倍首相が政権復帰した２０１２年12月以降、顕著になっている。それは、正式の記者会見より個別の単独インタビューに応じるケースがめだつということにも表れている。２０１５年の一年間に、安倍首相の単独インタビューや番組への単独出演を、いくつか列挙してみる。

2月7日　日本テレビ（番組収録）
2月25日　毎日新聞（インタビュー）
4月20日　フジテレビ・BSフジの報道番組に出演
4月24日　夕刊フジ（インタビュー）
5月18日　月刊『正論』（インタビュー）
6月15日　月刊『WILL』（インタビュー）
7月20日　フジテレビ報道番組に出演
7月21日　BS日テレ報道番組に出演
7月23日　ニッポン放送番組に出演
8月14日　NHK報道番組に出演
9月4日　読売テレビの情報番組に出演
9月6日　読売テレビ（番組収録）
9月19日　産経新聞、日本テレビ（インタビュー）
10月22日　月刊『文芸春秋』（インタビュー）
11月2日　フジテレビ報道番組に出演
12月9日・16日　NHK（インタビュー）
12月21日　夕刊フジ（インタビュー）
12月25日　読売テレビ（インタビュー）

読売系の新聞・テレビ、フジ・サンケイグループのメディアや、保守的な論調の雑誌などを選んで取材に応じているようすが明らかで、朝日系・毎日系の新聞・テレビは一切出てこない。

中でも、9月4日・6日のケースは特異だ。昨年9月4日は金曜日で、国会では参議院で安保関連法案を審議する平和安全法制特別委員会が開かれていたが、安倍首相はわざわざ大阪に赴いて、読売テレビ制作で全国ネット放送の情報番組『情報ライブ　ミヤネ屋』にスタジオ生出演。さらに、同局制作の関西ローカル番組で日本テレビ系の他のローカル局にも一部ネット放送されている人気バラエティ番組『そこまで言って委員会NP』のスタジオ収録にも出演し、この番組は9月6日に放送された。国会開会中に、現職の首相が東京を離れてバラエティ番組に出演した、という常識を疑う事態だったのだ。

首相や官房長官などを取材先とする新聞・テレビの記者たちが所属する内閣記者会は、内閣総理大臣は公人中の公人だから単独取材は行わない、という暗黙のルールをかつては保持していた。これは、記者クラブに加盟していない海外のメディアやフリージャーナリストらを排除する理由としても使われたが、マスメディア企業の間でもお互いに抜け駆けをしないという一種の「紳士協定」が結ばれていたわけだ。もちろん、官邸サイドもこの紳士協定を尊重して、原則として個別のメディアとの会見を行うことはなかった。唯一の例外は首相の単独インタビュー番組である特番『総理と語る』（NHKでのタイトルは『総理に聞く』）だったが、これもNHKと民放キイ局が持ち回りで制作・放送していたもので、テレビ各局に対して首相単独取材の機会は平等に設けられていた。

それが、2012年12月に成立した第二次安倍政権で、安倍首相が就任早々に産経新聞・読売新聞と相次いで単独インタビューを行って、これまでの慣例を破ったのであった。これ以降、従来通りの共同記者会見も行う一方、安倍首相の単独インタビューがメディアの上ではむしろ通例となっていく。

共同記者会見の場合は、これを首相が拒否するには相当の理由がなければ公人としての説明責任を果たしていないという批判を浴びてしまうが、個別取材の場合には、気に入ったメディアの取材は受けて、気に入らないメディアの取材は受けなかったとしても説明責任は生じない。そして、「この質問はやめてほしい」などと、首相側から取材内容に関する注文もつけやすい。そうした要望に従わなければ取材に応じてもらえないという意識が取材者の側に働くから、取材時の態度も迎合的になりやすい。単独インタビューという形式は、被取材者側が有利に情報を発信できる手段だと言える。

取材とは異なる場面でも、メディア側が首相側にすり寄るような態度が、第二次安倍政権で顕著になっている。メディアの幹部と安倍首相の会食をめぐる問題だ。新聞の「首相動静」欄などによると、2015年、安倍首相とメディア幹部の会食は以下のようなものだった。

2月5日　渡辺恒雄読売グループ本社会長
3月19日　田中隆之読売新聞政治部長ら
4月6日　朝比奈豊毎日新聞社長ら
5月15日　大久保好男日本テレビ社長ら
5月18日　渡辺恒雄読売グループ本社会長、清原武彦産経新聞会長、今井環NHKエンタープライズ社長ら
5月27日　大久保好男日本テレビ社長、芹川洋一日経新聞論説委員長ら
6月1日　内閣記者会加盟各社キャップ

6月24日　曽我豪朝日新聞編集委員、山田孝男毎日新聞特別編集委員、島田敏男NHK解説委員長、粕谷賢之日本テレビメディア戦略局長ら
7月15日　老川祥一読売グループ本社最高顧問ら
8月16日・17日　日枝久フジテレビ会長ら
9月8日　喜多恒雄日経新聞会長ら
12月4日　曽我豪朝日新聞編集委員、山田孝男毎日新聞特別編集委員、島田敏男NHK解説委員長、粕谷賢之日本テレビメディア戦略局長ら

8月の日枝フジテレビ会長は、安倍首相の山梨県内の別荘におけるもので、ゴルフも共にしている。ここでも、安倍首相は特定のメディア、特定の人物との接触を頻繁に繰り返している。

懇談と称して要人とジャーナリストが会食することは、欧米など諸外国でも行われている。しかし、メディアの経営幹部・トップが首相と会食するようなことまでは、取材の一環という理屈は通らないだろう。また、これら首相と頻繁に会食しているメディアの幹部が、その会食の席で首相とどのような話をしたのか、自ら明らかにしたことは一切ない。公共の電波を利用しているテレビはもちろん、再販売価格維持制度の特殊指定を受けている新聞社も、私企業であるとはいえ公共的性格を有している企業であり、その幹部の言動には一定の公共性を求められるのではないだろうか。とくに、首相という国の最高権力者と個別に（もしくは集団で）会談しているのなら、権力監視を社会的使命とするマスメディア企業の代表として、その内容を可能な限り明らかにする責任があるのではないか。

一方、自社の経営者が自分たちの取材先と癒着関係にあるかもしれない、ということについて、現場で取材

活動を行っている記者たちはどう考えているのか。この問題を団体交渉の議題にした労働組合もあるが、読者・視聴者に対して明確なメッセージが打ち出されているとは、現状では残念ながら言い難い状況だ。こうした点も、市民によるマスメディア不信の大きな要因になっているものと思われる。

現場は萎縮しているのか

メディアの現場も黙っているだけではない。2月29日、テレビのニュース番組に出演しているキャスター・コメンテーターらが共同で記者会見を行い、「私たちは怒っている――高市総務大臣の「電波停止」発言は放送法の精神に反している」とするアピールを発表した。「呼びかけ人」には青木理、大谷昭宏、金平茂紀、岸井成格、田勢康弘、田原総一朗、鳥越俊太郎といった名前が並んでいる。

高市総務相の発言の問題性について批判した部分については、さまざまに指摘されているからここでは省略する。このアピールは「身内」を意識したものとして、以下のようなくだりが印象に残った。

〈「外から」の放送への介入・干渉によってもたらされた「息苦しさ」ならば跳ね返すこともできよう。だが、自主規制、忖度、萎縮が放送現場の「内部から」拡がることになっては、危機は一層深刻である。私たちが、今日ここに集い、意思表示をする理由の強い一端もそこにある〉

記者会見では、鳥越俊太郎氏がこのアピールを読み上げたのに続いて、青木理氏が、次のような「報道現場の声」を紹介した。

在京放送局　報道局若手社員〈気づけば、争点となる政策課題（たとえば原発、安保）を取り上げにくくなっている。気づけば、街録で政権と同じ考えを話してくれる人を何時間でもかけて探しまくって放送している。気づけば、政権批判の強い評論家を出演させなくなっている〉

在京放送局　報道ディレクター〈「原発」「沖縄」「領土と歴史認識」「安保」といった日本の針路に関わる国民の最も関心を寄せるイッシューに対して、自由闊達な議論を封じる有形無形の圧力を感じている。

上記に関する特定の映像を放送の直前になって、削除、変更するよう言われたり、政権の要職にある人物の発言を補足するコメントを書き改めるよう求められることが、実際に起きている。安保関連法をめぐる番組の放送日時が変更されるケースも出てきている。

問題なのは、それらの圧力が番組の企画、取材、編集の場に立ち会ったこともない部署や人物から、突然降りてくることである〉

在京放送局　中堅ディレクター〈「安全保障関連の提案が通りにくくなった」。これは昨年来、現場で問題となっていることです。しかしいったいなぜ通らないのか、どうすればいいのか、それを皆で議論しようとすると、人事を把握している人間から「そういうことをすると、どうなるか……」ということをほのめかされます〉

在京放送局　報道局中堅〈ニュースの選択の段階で気を使い、無くなったニュース項目は山ほどあり、数を挙げたらきりがないほど、気を使っています〉

予想以上に深刻な事態が進行している、と言わざるを得ない状況だが、ここで気になるのは、現場が提案しても上層部が認めない、という事態が横行していることがうかがえる点だ。〈それらの圧力が番組の企画、取材、編集の場に立ち会ったこともない部署や人物から、突然降りてくる〉というのは、まさに表現の自由にかかわる重大な事態だ。萎縮している、というのは現場というより、むしろ経営者を含めた企業の幹部たちではないのか。先述したように首相と会食を繰り返している経営者を目の前にして、モノが言えなくなっている中堅幹部の姿が目に浮かぶ。

こうした状況を打開するのは、やはり現場の力しかないのではないか。キャスターたちの記者会見は、そういう志を持つ現場の背中を押すことを意識して行われたものだと思う。匿名でしか本音を語ることができない現場の声を代弁して、政府と経営幹部に対する怒りを表現したのがあの会見だったという気がする。

しかし、筆者の経験からしても、番組の企画をめぐって現場と上層部が衝突するのは日常茶飯事だ。程度がひどくなっているという実態は確かにあるだろうが、そうした上層部を説得し、もしくはかなりの妥協を強いられながら、信念を貫いて自らの取材成果を世に問うている制作者も、また多数にのぼるはずだ。「上司を説き伏せられない程度の企画では視聴者も納得させられない」というのが現場の感覚だったように思う。メディアが事実をもって社会に問題提起しない限り、国民的な議論にはならない。現場の苦労には同情するが、一層の奮闘をお願いしたいところだ。

権力との全面闘争

もともと、放送を含むマスコミ産業は「きわめて特殊な（非資本主義的な）生産関係をもっている」と、社会学者の故・稲葉三千男は指摘していた。以下、稲葉の論考「マス・コミュニケーションの伝達過程」から一部引用する。

〈…基本となるコミュニケーション手段は、じつは精神的労働者の（主として精神的な）諸能力（とくに認識能力と表現能力）であって、労働力＝商品としての労働者を雇用した資本家もその労働者の精神・意識まではけっして「所有」できていない〉

つまり、マスメディア企業の経営者は、企業で働く現場の労働者に対して業務命令を発したり懲罰を課したりすることはできても、その内心まで完全に把握することはできない。放送をはじめとするマスコミ産業は皆、労働力を労働者の精神的作用に求めざるを得ないから、生産手段、つまり労働者の頭の中をすべて「所有」することは不可能だというわけだ。まさに放送で働く者の自由な発想こそが、無から有を産み出して豊かな放送番組を作り出すことができる、ということであり、ここにこそ「放送番組編集の自由」の本質がある、と言える。

だから逆に、経営者・資本や国家権力は、マスコミ労働者をイデオロギー的に支配することによって、生産手段としてのマスコミ労働者の精神・意識を「所有」しようとする、と稲葉は説いている。ここに、マスコミ産業における資本と労働の闘争があるというわけだ。しかし、マスコミ労働者はこのような「闘争」には無自覚な状態である場合が多い。とくに、管理労働的な業務に携わることが多くなっている放送局の社員は、こうした問題意識が希薄になりがちだ。一方で、放送局に対する停波処分にまで大臣が言及するという事態に至った今日、すでに権力とメディアの全面闘争の火ぶたは切られている。

市民によるメディアへの批判も高まっている中で、メディアが権力になびいてしまうのか、社会的弱者の視点から権力監視の社会的使命を果たすことができるのか、いま日本のメディアは正念場を迎えている。そこでカギを握っているのは、やはり取材・報道の現場で働く人々の意識に間違いない。今年は、政権や経営などからの圧力に対して、現場の労働者がどこまで妥協しないで自らの表現を貫けるかが試されるということを、自戒も込めて胸に刻んでおきたい。（一部敬称略）

（いわさき　さだあき・放送レポート編集長）

7 政権の広報機関に墜した籾井会長体制とNHKの課題

小田桐　誠

籾井のアメとムチ作戦

ＮＨＫ籾井勝人会長は２０１４年１月、第二次安倍晋三政権の全面的な後押し・支援を受けて誕生した。籾井会長と頻繁に連絡をとりあっているといわれるのが、安倍内閣の大番頭、内閣官房長官の菅義偉である。

だが、25日の就任会見で「政府が右と言うものを左と言うわけにはいかない」と言論報道機関のトップとは思えない見解を披露し、局内の内部情報や不祥事が外部に漏れているとして「組織のボルトとナットを締め直す」。従軍慰安婦問題については、「どこの国でもあった」とオランダの売春街「飾り窓」を持ち出す始末だった。

15年度のＮＨＫ予算・事業・資金計画の国会審議では、新任の堂元光副会長を除く全理事に日付の記載がない「辞任届」を提出させていたことも発覚した。意に沿わない理事を退任させ、執行機関である理事会を自分の思い通りに動かそうとしたのだろう。結局自らの手元にあった辞任届は、各理事に返却することになった。理事全員を無任所にするとも言ったという。

「会長自身が最大のトラブルメーカーである」（東日本にある地方放送局の管理職）ことは、局内外に広く知られるようになった。そこで籾井会長は、まず局内の引き締めに打って出る。「定期異動に限らず人事は年間を通して動かしていく。毎月やってもいい」との方針を打ち出したのだ。

ＮＨＫはゴールデンウィーク前後あたりから定期人事でソワソワし始めて仕事にならない。縦割りの弊害はあるし固定観念を壊す意味でも、いつ異動になるか分からないくらいが丁度いいと考えたようである。副社長まで務めた三井物産、日本ユニシスの社長時代のことも念頭にあったのかもしれない。

だが、籾井流の人事をやり出すと逆に仕事にならないと、報道出身のあるベテラン職員はこう話す。

「ＮＨＫでは、地方の放送局を経て本部（東京・渋谷の放送センター）に上がってきた最初の配属先が〝本籍地〟になります。たとえば人事部が、ラジオセンター次長の後任を制作局社会情報部からと決めたとしても、誰にするかは制作局長や社会情報部長の意向を尊重するのです」

報道局には、現在の政治部や経済部などが報道１班、報道２班などと呼ばれていた名残りがあり、ゼロ班と呼ばれる報道局員の異動を含めた共通業務を担当する部署があった。そのゼロ班が報道局各部の人事責任者と具体的な人選を進めていたという。

「一人の異動が難航すると、ドミノ倒しのように10人くらいの人事をやり直すこともあります。人事部には定期異動だけではなく新卒採用や中途のキャリア採用などの仕事もあるわけで、異動ばかりに時間を割いていられません（笑い）。会長も２年目にはさすがに異動について口を挟まなくなったようです」（前出・ベテラン職員）

求心力維持のため次に打った手が、夏のボーナスでの上乗せ支給というアメである。ヒラの職員で5万円ほど、デスクやプロデューサーなどの管理職が10万円、部局長クラスで数十万円が上乗せされたのだ。労働組合が要求したわけでもなく、管理職が理事会を突き上げたわけでもない。多くの職員は、想定外の事態にキツネにつままれたようだったとか。ベテラン職員（前出）がこう語る。

「基本給を2％ずつ5年間で10％引き下げる計画が進んでいる最中での出来事でしたからね。政権直々の大企業などへの賃金引上げ要請や人事院による国家公務員の賃上げ勧告など、世の中のムード・流れに乗ったのではないですか。上乗せ支給に対する特段の説明はなく、その趣旨をまとめた文書が出されることもなかったですね。紙を出すとコピーが（外部に）出回りますから」

ハイヤー問題での公私混同は120％ない!?

籾井会長は、NHK内部の文書や不祥事が外部に漏れることを極度に警戒している。

15年1月2日、籾井会長は私的なゴルフに出かけたがその際、利用したハイヤーの伝票が流出した。東京・渋谷区にある自宅マンションと小金井カントリー倶楽部（小平市）を往復したもので、利用時間は12時間。代金は4万9585円だった。3月15日付毎日新聞は、その利用代金がNHKに請求されていたことが内部通報で発覚し、経営委員で構成されている監査委員会が調査を始めた――と報じた。

会長自身は3月6日の監査委員の事情聴取に「当初から自己負担する意思があった」などと釈明したが、9日秘書室を通じて支払いを済ませた。NHK経理部が行った「外部対応業務」名目での伝票作成は、内部告発がなければそのまま放置されていたのではと思われる。

監査委員会は同月19日、「私用目的でも、必要な身柄の安全を目的としていた以上、業務遂行と関連がある」としつつ、「視聴者からの受信料で成り立つＮＨＫにとって、公私の区別が極めて重要。会長のハイヤー・タクシー利用のあり方を検討する必要がある」とする意見をまとめ、同日に開かれた臨時の経営委員会に報告した。実際のタクシー利用日から発覚、支払いまでの経緯とタイムラグを見れば、公私混同以外何物でもないだろう。

ところが、本人は「私の不徳の致すところ」と反省、謝罪する様子はまったくなく、内部情報が漏出することのほうが問題だと捉えている。

同年4月23日夜、ＮＨＫ職員であれば誰もが視聴可能な「イントラ」と呼ばれる内部のサイトに〈籾井会長から新年度最初の「会長メッセージ」〉という自身の動画がアップされた。「新年度　大きな一歩を踏み出すために」と題された5分超の動画だ。

メッセージは、12年度から14年度までの3カ年の経営計画——12年10月の受信料値下げで見込まれる１１６2億円の減収を８１０億円の増収と３５２億円の経費削減で補うのが最大の課題だった——が達成できたことの報告と職員への御礼から始まる。

次に15年度からスタートした新しい経営計画の重点事項である国際放送の強化、インターネットを活用した新たなサービスの推進、受信料の公平負担の徹底などに触れ、自ら先頭に立って取り組む覚悟を披歴した。そこまではいいのだが、後はハイヤーの私的利用問題の弁明・釈明と内部情報をしっかり守ることの重要性に終始しているのだ。たとえばこんな具合である。

〈一つだけ私がはっきりと皆さんに申し上げたいのは、公私混同ということは１２０％ございません。ただ、私の指示が明確ではなかったために、途中でいろんなことが起こってしまいました。

最初に車の手配を頼んだ時に、ハイヤーを頼んだ。つまり公用車ではなくハイヤーを頼んだということですね。私がプライベートのために車を頼んだということでございまして、その時に支払いも自分ですることを明確にしておりましたんで、皆さんがもしかして誤解されているといけないと思い、この点は、はっきりさせておきたいと思います〉

つまり、秘書にハイヤー手配を頼んだ際、自分の指示にあやふやなところがあったために秘書室内や経理部との間で行き違いが生じただけで、当初から私用目的で支払いも自分がすることになっていたというわけだ。ならば当日に支払っていればそれで済んだはずだ。

〈天地神明にかけて、一点の曇りもなく〉と強調、内部情報が漏れることは組織として残念であり恥ずべきことだとし、会長メッセージは就業規則や服務規程などを挙げながらその管理の徹底へと展開していく。後半部分では職員に次のように呼びかけている

〈この情報が漏れるNHKというものを、やはりきっちりとした内部情報が流出しない非常に硬いNHKにしていこうではありませんか〉

「非常に硬いNHK」という表現には、「上司への絶対服従」「閉鎖性」「内部統制」といった匂いを感じるが、籾井会長のメッセージは次のような文言で締めくくられている。

〈それぞれの現場で課題があれば、自由に意見を出し合い、自ら解決していく、そういう自由闊達な組織であってほしいと思います〉

「こうあってほしい」と願うのではなく、理事会（執行機関）のトップにはまさに自由闊達な組織を創り上げていく責任があるはずだ。だが、これまでの言動を見ていると、籾井会長にそれを望むのは120％難しいと思われる。

郵便はがき

料金受取人払郵便

本郷局承認

8048

差出有効期間
2016年12月31日
まで

(切手を貼らずに
お出しください)

113-8790

473

(受取人)

東京都文京区本郷2-11-9

大月書店 行

注文書

(裏面に住所・氏名・電話番号を記入の上、このハガキを小社刊行物の注文に利用ください。指定の書店にすぐにお送りします。指定がない場合はブックサービスで直送いたします。その場合は書籍代税込1000円未満は500円、税込1000円以上は200円の送料を書籍代とともに宅配時にお支払いください。)

書名	ご注文冊数
	冊
	冊
	冊
	冊
	冊

指定書店名 (地名・支店名などもご記入下さい)	

ご購読ありがとうございました。今後の出版企画の参考にさせていただきますので、下記アンケートへのご協力をお願いします。

▼※下の欄の太線で囲まれた部分は必ずご記入くださるようお願いします。

●購入された本のタイトル		
フリガナ お名前	年齢	男・女
電話番号（　　　）　　－	ご職業	
ご住所 〒		

●どちらで購入されましたか。

市町
村区　　　　書 店

●ご購入になられたきっかけ、この本をお読みになった感想、また大月書店の出版物に対するご意見・ご要望などをお聞かせください。

●どのようなジャンルやテーマに興味をお持ちですか。

●よくお読みになる雑誌・新聞などをお教えください。

●今後、ご希望の方には、小社の図書目録および随時に新刊案内をお送りします。ご希望の方は、下の□に✓をご記入ください。

□ 大月書店からの出版案内を受け取ることを希望します。

●メールマガジン配信希望の方は、大月書店ホームページより登録ください。
（登録・配信は無料です）

いただいたご感想は、お名前・ご住所をのぞいて一部紹介させていただく場合があります。他の目的で使用することはございません。このハガキは当社が責任を持って廃棄いたします。ご協力ありがとうございました。

国会審議前の厳しいやりとり

ＮＨＫの最高意思決定機関は経営委員会だが、15年2月まで同委員会の委員長代行を務めていた上村達男・早稲田大学法学部教授は、籾井会長の性向について、安倍政権の気分と通じるところがあるような気がするとこう語っている。

「安倍さんは敵とみなした相手は徹底的に叩く。籾井さんも敵だから反対するんだ、ということにする。マスコミでも経営委員でも敵か味方かで対応がまるで違う。籾井会長の最大の特徴は、議論が出来ないこと。文章を読んでも理解が出来ないので文章は読まない。国会に呼ばれた時は、ただ用意された原稿を読むだけです。紙を読まないとはみ出しちゃうと自認しているのですが、ＮＨＫに戻ると、紙なしですからはみ出しっぱなしです」（『創』同年8月号）

職員の籾井会長に対する印象はどうなのか。報道局の中間管理職は、「多くの職員は、彼に直接会っていません。ただ、就任会見での発言はメチャクチャだったけどちょっとお茶目なところがあるとか、会って話してみたら意外と面白かったといった評判を聞くことがあります。雑談相手としてはちょうどいいではＮＨＫ会長の器ではないと思いますが」と苦笑いした。上村教授の「ＮＨＫに戻るとはみ出しっぱなし」と相通じるコメントではある。

籾井会長が用意された紙（原稿）をしっかり読まなければならない時期が、1月から3月にかけてだ。ＮＨＫの上層部や報道局政治部が最もピリピリする季節でもある。1月以降、次のような儀式が待っているのだ。

つまり同局の次年度収支予算・事業・資金の計画案が、会長をトップとする執行部（理事会）が局の最高意思決定機関である経営委員会に提案し、承認を受けると総務大臣に提出される。大臣は意見を付したうえで内閣を経て国会に提案。その後衆参両院の総務委員会で審議・議決された後、本会議で承認を受けなければならない。そこで初めて新年度の事業運営が動き出すのである。

現在の籾井勝人会長が就任してからの2年間は、全会一致での承認が崩れ多くの野党が反対に回る異常事態になっている。しかも国会審議前には、与野党各党での〝事前審査〟がある。たとえば政権与党自民党では総務部会、政務調査会、総務会に会長をはじめ理事クラスが出席、予算や計画を説明し、出席議員からのさまざまな質問に答える。この慣習が出来上がったのは50年以上前のことだ。

「NHKは予算・事業に加え、国会の同意を得て総理大臣が任命する経営委員、その経営委員会が選任する会長といわゆるヒト・モノ・カネのすべてを政権与党に握られる構造を持っているのです」

同局のベテラン職員（前出）は公共放送が抱える宿命的な問題としたうえでこう続けた。

「自民党の長期政権の中でその構造が顕在化したこともあれば、謙抑的な首相の政権運営であまり表面化しない時代もあった。その違いです。ただ第二次安倍政権のように、極めて戦略的にNHKの自主・自律性を換骨奪胎し思いのままに操作していこうとする政権は初めてかもしれません」

1980年、NHKは同年度の受信料値上げを含む収支予算案を提出。併せて郵政省（当時）は、滞納者には延滞金や割増金を課す受信料の支払い義務制を含む放送法改正案を提案していたが、同年3月に開かれた自民党の通信部会（同）や政調会などではNHK批判が噴出した。

「NHKが原子力発電に反対なら、省エネルギーに徹して昼間の番組を中止しろ。（受信料支払い義務化による）国営放送などいらない」（渡辺美智雄衆院議員）

「マスコミは今や第四の権力だ。政治がマスコミにおもねっている。NHKを含めたマスコミ監視機関を作れ」（玉置和郎参院議員）

改正案は大平正芳内閣不信任案が衆院本会議で可決。首相が衆院解散したため審議未了で廃案になった。

翌81年2月4日、21時からの『ニュースセンター9時』（NC9）で放送された特集「ロッキード事件五年――田中角栄の光と影」の三木武夫元首相インタビュー部分がカットされる事件が起きた。業務命令を発したのは報道局長の島桂次である。島は激しく抵抗した管理職などを左遷する報復人事を行った。局内の主導権を握った島は、その後理事、専務理事、副会長、そして会長に上りつめる。

当時を知る報道局OBがこう語る。

「このロッキード報道以降、ニュース現場の主導権は社会部から政治部に移り、島の出世に合わせるかのように永田町や霞が関と濃密な関係を築いていく記者が重宝され、局内でも権力基盤を固めるようになるのです。安倍政権の対NHK戦略は、その歴史的経緯と疑心や自主規制、忖度が渦巻く局の組織風土を上手く活用することで成立していると思います」

〝アベちゃんねる〟と言わないでほしい

現役の報道局管理職（前出）も、その組織体質は今も変わっていないと次のように強調している。

「会長や（放送内容の実質的な責任者である）放送総局長や報道局長が直接何か言わなくても、政治部長や番組の編集責任者が忖度したり自主規制しているのです。それは今に始まったことではありません。NHKの職員だから、報道制作番組に関わっているから皆が皆、ジャーナリズムの役割や言論・報道機関とは何かなどと考えているわけではありませんから」

籾井会長は就任当初「菅ちゃん（菅義偉内閣官房長官）から電話があってね」と喜色満面で時に会議を抜け出すこともあったようだが、2年目衆参両院で安全保障法案が成立した（強行採決された）あたりから徐々に「菅ちゃん」の名前を出さなくなったという。報道系の管理職は苦笑いしつつ「官邸や局内の側近から繰り返し教育・指導され、（菅官房長官の名前を）そう簡単に出すなと強く口止めされているのでしょう」と解説するが、そればかりではないようだ。ある情報系番組関係者がこう語る。

「籾井会長自身が官邸と具体的な番組やキャスターのコメントなどでやりとりしていることはないと思いますよ。現場に来ると、放送のことを如何に勉強していないかが分かります。何か指示するにしても、誰にどう伝えればいいのかさえ理解していません。会長は『ＮＨＫのことを〝アベちゃんねる〟と言わないでほしい。（そう呼ばれるよう）番組に口出ししたことはない』と言っていますが、嘘ではなく本音の吐露でしょう」

ＮＨＫ内に培われた体質を活用しながら政権寄りの報道を主導しているのは板野裕爾・専務理事放送総局長で、官邸でメディア戦略を仕切っている杉田和博官房副長官と頻繁に連絡を取り合っているという。

安倍政権がこの間ＮＨＫ（だけではなく民放も含めた多く）の報道に求めてきたことは明確だ。「政権の意向」を代弁し支持率上昇に繋がることは積極的に放送し、「不都合な事実や真実」にはできる限り触れないということだ。いくつか具体例を挙げていこう。

ＮＨＫは、２０１４年7月の集団的自衛権の行使容認を閣議決定した後の首相会見、同年8月の「戦後70年談話」、同年12月に「消費税の8％から10％への増税先送り」「アベノミクスの成果を問う」として衆院を解散した際の会見などを、その開始から終了までほぼすべて生中継してきた。

これらの会見は、テレビの定時ニュースの時間帯――具体的には17時から18時台に設定されていることが最も多い。ただ会見の途中に別の項目を伝えた後に録画映像を使い会見の続きで重要と思われるシーンを報じる民放局がある中で、ＮＨＫの中継姿勢は否が故にも目立つ。

「70年談話」が発表された8月14日、『ニュース7』では政治部岩田明子記者が「首相の考え」を解説。その2時間後の『ニュースウォッチ9』（以下『ＮＷ9』と略す）には首相自身が生出演、談話を受けて安保法案にも触れながらその主張を聞いた。キャスターの河野憲治は「なぜ成立を急ぐのか」「戦争に巻き込まれないか」などと質問を投げかけるのだが、首相はまともに答えない。河野も二の矢、三の矢を放たないため、結果的に批判的な意見を含めた議論は深められず独演会に終わってしまった。

会見での首相の冒頭発言は10分から20分ほどで、進行役の広報官の構成台本よろしくまず幹事社が質問し、幹事社以外の枠で3〜4社が質問するパターンが定着している。会見場ではパソコンのキーボードを叩く無機質な音が響く。

沖縄戦終結70年を迎えた昨年6月23日、全戦没者追悼式が糸満市摩文仁の丘で行われた。あいさつに立った安倍晋三首相に「戦争屋帰れ！」「何のために来たんだ！」などの罵声が浴びせられた。NHKが生中継していた会場の複数の方向から何度も聞こえた。翁長雄志知事のあいさつには激励の指笛や歓声が聞こえたのとは極めて対照的だった。

だが、その日のNHK『ニュース7』『NW9』は、首相の発言要旨を報じただけで、現場に飛び交った野次や怒号についてはまったく触れなかった。ローカルニュースではさすがに安倍首相が浴びた罵声も流れたようだが、「全国ネットの原稿と編集は政治部記者の領分。沖縄の地元で取材してきた記者には全国向けの原稿を書かせない」（前出・報道局OB）のだという。

強行採決のシナリオに乗ったNHKの中継

6月から9月にかけての最大のアジェンダ（議題）といえば、同年4月下旬の訪米時に「夏までに成立させる」と公約した安全保障関連法案だった。

元・現役のNHK職員やメディア研究者、視聴者などで構成する「放送を語る会」は、NHK・民放各局の主要ニュース番組が安保法案の国会審議をどう伝えたかモニター調査した（期間は5月11日〜9月27日）。主な調査項目は、①対象ニュース番組全体の傾向、②法案の問題点や政府・与党の動きにどう向き合ったか、③独自取材による調査報道はあったか――などである。

全体的な傾向については、『NW9』『ニュース7』とも「政府広報的な報道姿勢は明らか」として、前者では「ポツダム宣言を詳らかに読んでいない」とする安倍答弁、「イスラム国に対する軍事行動での後方支援も可能」とする中谷元防衛相の答弁など重要なやりとりを伝えなかったこと。後者の番組MCは、政権のメッセージである「今国会での成立」というフレーズを再三にわたって使っていることなどを、その理由として挙げている。

衆参両院の特別委員会の強行採決では、両番組とも「強行採決」との表現は使わず、参院の委員会採決の混乱について政治部記者は、原因は野党の強硬な反対にあると取れるコメントをした。まさに政府・与党の思いを代弁した解説だった。

そもそもNHKは、安保関連法案をめぐる衆院における審議中継でブレまくっていた。たとえば7月15日の特別委員会での締めくくりの審議と強行採決は中継しなかったのに、翌16日の衆院本会議は生中継している。

さて8月30日の日曜日、全国では法案に反対する総がかり行動が展開された。国会周辺は12万人の人で溢れた。警備の警察官たちは、歩道から車道に人が溢れ出ないように鉄柵で押し止めていたが、とうとう決壊してしまった。

この日の『ニュース7』は、国会議事堂前で民主党、日本共産党、社民党などの4党首が顔を揃えたシーンを中心に短く伝え、参院での審議時間を衆院と比較し今後の日程に触れた。とりあえず総がかり行動の様子も伝えましたと、アリバイ作りをしたようにも見えた。

そして5分を超える安保法案関連報道の最後を、自民党幹事長・谷垣禎一の「戦争法案、徴兵制をやる法案というのは、ためにする誹謗中傷だ。何としてもこの国会で解決し、次に進まなければならない」との談話で締めくくっている。

安保関連法案の審議で最も印象深かったのが、9月17日の参院の安保特別委員会での鴻池委員長不信任動議否決後の混乱とNHKの生中継である。同日16時28分過ぎ、高瀬耕造アナウンサーは鴻池氏が委員長席に着席したことを伝えこう続けた。

「中谷（防衛相）、岸田（外相の）両大臣、そして安倍首相が着席しました……委員長席には野党議員が激しく詰め寄っています。委員長の姿がほとんど見えない状況です。……」

「今、安倍総理大臣が席を立ちました。……今、与党の議員が立ち上がっています」

その時、高瀬アナの隣で解説していた政治部の田中泰臣記者が、「はっきりしたことは分かりませんが、法案についての採決が行われているものと見られます」と発言した。高瀬アナが驚きと困惑した表情を隠せず「採決ですか……」と受けると、田中記者は自民党を主力とする与党のシナリオを披露した。

「はい、委員長に対する不信任動議が否決されました。その後、与党は質疑を打ち切る構えを見せていたんです。その後（法案の）採決に踏み切る方針でしたので……。それに対して野党が激しく抗議している状況だと思われます」

高瀬アナ「与党側の委員が起立する姿が見られましたので、採決が行われた可能性があります。委員長の姿は、ほとんど多くの委員の姿に隠れてしまっています。……今、拍手が起きています。正確な情報が入り次第、お伝えします。委員長の発言はまったく聴き取れない状況になっています」

高瀬アナは、委員会室の状況説明の中で3回「採決が行われているようです」と繰り返し、田中記者は「採決」と言うべきところを「質疑を行っている可能性が高い」と報じるなど、NHKの生中継自体も混乱していた。

委員会では、その日の午前中に横浜で開かれた地方公聴会の報告もされていない。法案の採決といっても、中継を見ている限り、法案の質疑終局と討論省略。直ちに採決に入る動議、我が国及び国際社会の平和及び安全の確保に質するための自衛隊法の一部改正する法律案（平和安全法制整備案）と、国際平和共同対処事態に対して我が国が実施する諸外国の軍隊等に対する協力支援活動に関する法律案（国際平和支援法案）の採決。自公与党と野党のうち次世代の党、日本を元気にする会、新党改革が合意した「自衛隊派遣をめぐり政府に国会関与の強化を求める内容」の附帯決議の評決、法案可決の事実などを盛り込む「審査報告書」の作成を鴻池委員長に一任する案件——がすべて表決に付され、可決されたとは到底思えない。

ところが、田中記者の「詳しいことは分かりませんが、何らかの……」との発言から数分後、画面上方に「安保法案　参院特別委で可決。自民、公明、次世代などの賛成多数」、画面下方に「安保法案　参院特別委で可決」のテロップが映し出された。「詳しいことは分からない」のだから裏付けをとる必要があるが正確な情報に基づいたうえでのテロップだったのかどうかは定かではない。

政治部主導の編成とキャスティング

報道局OBによれば、同局の国会中継や政権関連報道の編成権を握っているのは編成担当理事—編成局長ではなく、報道担当理事—報道局長—政治部長のラインだという。

「国会中継については、衆参両院本会議での首相の施政方針演説とそれに関わる与野党の代表質問や予算委員会など、何を中継するかの規定はありますが、それ以外は報道局長—政治部ラインで判断します。首相談話もその一つで、仮にその後の生番組で高倉健（故人）クラスの大物がスタジオに控えていたとしても、政治部が『やる！』と判断すれば編成は『NO！』と言えません」

報道局のベテラン職員（前出）も自局の報道番組に忸怩たる思いを抱いている。

「私自身、ニュースのオーダーや取り上げ方を見て、恣意的だなと肌で感じたことは多々あります。報道・制作サイドが意識的なのか無意識的にやっているのか分かりませんし、それ自体おかしいと思っていないのかもしれません。いずれにしても、放送する側の慣れてしまっている部分の蓄積が視聴者にも積み重なっていくわけで、視聴者への刷り込みという点で日々のニュースはやはり怖いですよ」

最近では今年（16年）2月7日の北朝鮮のミサイル発射に関するNHKの報道には驚かされた。籾井会長・板野専務理事放送総局長体制以降、尖閣や南シナ海での人工島造成をめぐる中国報道、拉致に体制内部の処刑・粛清さらには核実験と北朝鮮の動きに危機感を強める報道が目立つようになった。

そんな印象が積み重なっていた中でのミサイル発射特別報道は、次のような形で展開した。まず『日曜討論』を9時34分に中断して「特別報道」に切り替え、2時間以上続いた。次に正午からの15分のニュース枠は30分延長。『のど自慢』は、ローカルニュースを挟んで12時50分からの放送になり、『日曜討論』は15時台に改めて放送した。

報道内容は、内閣からの警報情報システム「Jアラート」、その簡易版である「Mネット」に関する部分が多くを占めていた。しかも、単なる通過地点である沖縄県がしばらくの間「対象地域　沖縄県」と掲示され、迎撃ミサイル「PAC3」が登場、あたかも沖縄県が狙われたかのようであった。

沖縄の状況や世界各国の反応を含め同じ内容を繰り返す報道に接していると、あたかも戦争が始まったかのような錯覚に陥った。同時に「辺野古への基地建設に反対する沖縄県は、尖閣などの島が奪われてみれば目が覚めるのではないか」との、NHK経営委員も務めた作家のコメントを思い出した。

視聴者対応部署に在籍したこともあるNHK職員はこう語っている。

「読売新聞や日経新聞が特に政権寄りの新聞だと思っていない読者がいるように、NHKに対する視聴者の印象も同じような気がします。もちろん〝アベちゃんねる〟だとの批判があり、政権べったりと受け止めている人もいます。一方で、街頭宣伝やネットで『売国奴』呼ばわりする視聴者もいます。同じ放送を見ていても、まったく異なる感想がよせられるのです」

要はそれらの声・感想に一喜一憂、惑わされずに、視聴者の受信料で成り立つ公共放送の役目は、権力や権威の監視、発表ネタ中心ではない独自の課題設定と調査報道など、報道・言論機関としての責務を果たしていくことだろう。

NHKの政治報道のおかしさは、定時ニュースや国会中継だけに象徴的に表れているわけではない。

15年10月25日放送の『NHK国会討論』に「おおさか維新の会」の肩書で片山虎之助が出演していた。カッコ書きで「結成予定」と小さく添えられていた通り、おおさか維新の結成予定は同月31日である。なぜ結党もされていない党の議員が公党による討論番組に出演できるのか、違和感があった。

かつてNHKは『日曜討論』に「生活の党と山本太郎となかまたち」を出演させなかったことがある。同党が理由を尋ねたところ「出演基準として公選法86条の1、2の両項を満たす必要がある」と説明したといわれる。つまり所属国会議員が5人以上で、直近の国政選挙で2％以上の得票を得た政党であることが条件なわけだ。おおさか維新には5人以上の国会議員がいるが、結党後国政選挙は行われていない。

しかも維新の解党届けについては、総務省が「受け取らない」と報じられている中での異例の抜擢。報道局関係者（前出）は、「橋下徹率いるおおさか維新を取り込みたい安倍官邸サイドとの阿吽の呼吸でしょう。たとえば官邸から『今度の日曜頼むよ』と言われてピ〜ンと来ないようでは政治部記者失格の烙印が押されます」と笑った。

国谷続投をめぐる攻防の中、相次いだ不祥事

さて今春の改編では、『クローズアップ現代』を22時台に移し国谷裕子キャスターを交代させる。国谷といえば番組が始まった1993年以来MCを務め、海外の話題から国内のテーマまで、しかも政治・経済から文化・芸能ネタまで、ゲストとともに縦横に分かりやすく伝えようとする姿勢が評価されてきた。

だが、東京電力福島第一原発の事故報道やアベノミクスの取り上げ方が、安倍政権にとって目障りな部分もあったといわれる。14年7月3日放送では、集団的自衛権容認の「閣議決定」を受け、菅官房長官をゲストに迎えた。国谷は視聴者・市民の疑問を代弁、その菅に「国際的な状況が変わったというだけで、憲法の解釈を変更していいのか」などと迫った。

写真週刊誌『フライデー』（同月11日発売号）は、「国谷キャスターは涙した、安倍官邸がNHKを〝土下座〟させた一部始終」と題し、官邸サイドがキャスターの質問内容にクレームをつけたと報じた。籾井会長は「事実無根」と否定したが、同誌に抗議し訂正を求めることはしなかった。

国谷の降板と番組の放送枠の変更は15年夏ごろから検討されていたが、現場は国谷の続投を求めていた。だが上層部は国谷降板を決断、枠も22時台に異動させることにした。後任キャスターは局の女性アナ7人で、テーマや曜日によって交代で務めるという。報道系管理職（前出）は、テレビ朝日系『報道ステーション』の影響力・視聴率を多少なりとも削ぐことができればとの狙いもあるという。その『報ステ』もMCが古舘伊知郎から局アナの富川悠太に交代する。安倍官邸の高笑いが聞こえそうだ。

それにしてもNHKと関連会社では事件・不祥事が後を絶たない。それも同局の予算・事業・資金計画が総務大臣に提出され各党で事前審査や国会審議が始まる頃に相次いで発覚するのだ。

たとえば昨年12月半ば、通信・放送設備の整備やメンテナンスを手掛ける関連子会社、NHKアイテック（本社・東京都渋谷区）で表面化した横領疑惑事件。本社と千葉事業所に籍を置く40歳代の男性社員2人が、地上デジタル化に伴う施設の撤去・改修などの業務を実態のないペーパーカンパニーに架空発注、外注費などを懐に入れていたというものだ。架空発注は2009年から15年まで6年の間に100件以上に及び、着服額は1億9802万円に達する。

同社ではその半年前にも50歳代の部長がカラ出張を繰り返し、約240万円を不正に受け取り諭旨免職される事件が明るみに出たほか、年明けにも九州支社の50歳代男性副部長が500万円を着服した疑いが明らかになった。

これらの事件を受け同社は、2月9日、理事・技師長から同社の代表取締役社長に就任していた久保田啓一ら5人の取締役の辞任と、残り3人の取締役の役員報酬の一部を自主返納することを決めた。架空発注事件は、東京国税局の税務調査で見つかっており、NHKと同社の内部管理態勢の杜撰さを露呈することになった。

今年に入ると、平日夕方の関東ローカル情報番組『ニュース　シブ5時』のリポーターを務めていた37歳の男性アナが、危険ドラッグを所持・製造していたとして医薬品医療機器法違反容疑で逮捕。

また1月29日NHKは、さいたま放送局で県警を担当する20代から30代の男性記者3人が、業務用タクシーチケット計49万円分を不正に使用していたと発表した。このうち最も回数と金額が多い30代前半の記者は、14年7月から15年11月にかけて友人との会食で都内を往復したり、バッティングセンターへの移動に使っていたという。籾井会長が犯したハイヤー使用の公私混同に通じるものがある。

安倍官邸も側近も籾井を見はなした？

相次ぐ事件、不祥事の中、局内外に最も大きなインパクトを与えたのが、ＮＨＫと関連子会社9社が共同で進めていた土地の共同購入計画だ。

すでに不動産・ビル設備の総合管理を行っているＮＨＫビジネスクリエイト（ＮＢＣ）が競争入札により３５０億円で落札していること。ＮＢＣが融資を受ける銀行側の求めに応じ、ＮＨＫが計画に責任を持つとする文書を提出していること。「重要な不動産の取得」にもかかわらず経営委員会に諮っていないこと――などをスクープしたのは毎日新聞（15年12月8日付朝刊）だった。

毎日新聞の報道や関連会社関係者によれば、11月25日放送センターに9社社長を集め説明会を開き、「ＮＨＫの理事が、超高精細画質４Ｋや８Ｋのスタジオ、グループ会社が入居するビルの用地として購入を決めたことなどを説明。建物にはＮＨＫも出資する方針を伝え、各社にも出資を呼びかけたという」。説明会にはもちろん籾井会長も出席していた。

問題の土地は、ＮＨＫ放送センターに近い渋谷区宇田川町の敷地面積1千坪強（３４１９㎡）で、現在は駐車場になっている。所有者は大手不動産投資会社だが、これまで暴力団による地上げが行われたり、巨大なラブホテルの建設計画が持ち上がるなど、「いわくつきの物件」（ＮＨＫの関連会社関係者）だった。

その土地の路線価は坪６５０万円ほどで、実勢価格の7割前後とされる。実勢価格がおよそ８５０万円とすれば１０００坪で85億円になる計算だが、本部周辺にまとまった土地がなく割高になった」（同）とはいえ３５０億円もの金額を投じるのは、どう見ても尋常ではない。

毎日新聞がこの問題を報道した日は、ちょうど理事会の開催日だった。会議の冒頭でこの土地取引問題が議題にのぼり、そこでの議論・検討を受けＮＨＫ側は土地購入計画を撤回した。結果として監査委員会が調査に乗り出したこともあって騒ぎは収まったが、今回の問題は今後のＮＨＫをめぐるさまざまな問題を顕在化させた。

たとえば、経営企画担当理事で籾井会長とともに土地購入に関与してきた井上樹彦、籾井会長体制発足当時からの側近で専務理事放送総局長・国際放送担当の板野裕爾の２人が、理事会で公然と造反したことだ。

「この話は、関連会社の資金計画と事業計画が決まらないうちに進んでおり、土地の適正価格、経済合理性についての判断も行われていません。コンプライアンス上の疑義があるので、見直したいと思います」

こう発言した井上は、籾井が会長就任後間もなく理事になっている。政治部出身で元政治部長であることから、安倍官邸の菅官房長官やメディア戦略担当の杉田和博官房副長官とのパイプ役を務めてきた。板野も籾井会長下で専務理事として放送全般を統括する立場に就いた。その板野も理事会で、前月の役員連絡会で伝えられているはずの土地の購入金額について、次のようにシラを切ったというのである。

「３５０億円だという話は、今朝の報道で初めて知りました。一度も説明がありませんでした。きちんと議論しましょう」

籾井会長の最側近といわれてきた2人の面従腹背ぶりとともに、堂元光副会長の存在感の薄さも明らかになった。国会でもたびたび問題になってきたＮＨＫ関連会社の剰余金９００億円（15年3月末現在）にもスポットが当たった。

籾井体制は二期目も狙っているといわれるが、官邸は17年1月までの一期でお払い箱にする、場合によっては任期途中の「辞任名目の解任」も考えているようだ。板野専務理事を副会長に、井上理事を専務理事に昇格させ、後任会長の用意もできているともいわれる。次期会長として本命視されているのが、ＮＨＫエンタープライズ社長の今井環だ。政治部出身で報道番組のキャスターを経験している。二年前にも会長候補として名前が挙がった。

自民党総務会によるＮＨＫの16年度予算・事業・資金計画の〝事前審査〟は、1月末から2月上旬まで3回にわたり2月5日ようやく了承された。会合では「不祥事に対する責任の所在が不明確だ」「親方日の丸意識が強い。幹部もしっかり襟を正すべきだ」といった意見・注文の他に、報道の内容に関するものもあった。「ＮＨＫの解説委員が無責任な評論家、コメンテーターのような発言をしている」と問題視する発言に、籾井会長は「偏った考えを持った解説委員もいるが、公平・公正に配慮している」と答えた。

二階俊博総務会長は「（ＮＨＫが）必要に応じ総務会に報告する」とまとめ全会一致で了承されたが、3回連続して出席した籾井会長は、同総務会への報告義務を誓った。ＮＨＫはまた一つ重い荷物を背負うことになる。

いずれにせよ安倍官邸は、誰が会長になるにしても理事の井上樹彦―荒木裕志報道局長―山下毅政治部長―官邸の岩田明子記者の政治部ラインが揺るがなければ、ＮＨＫの国策放送局化に問題ないと判断しているようだ。

公共放送の矜持を保つために

今後ＮＨＫは、放送のネットへの同時送信、総合受信料体系の確立と受信料の支払い義務化など放送法改定が必要な問題、新放送センターの建替えに関わる収支予算・事業・資金計画と政府・与党との間に緊張関係が走りそうな経営課題が山積している。

受信料の支払い義務化については、自民党情報通信戦略調査会放送法の改正に関する小委員会が、総務省に対し強制徴収や罰則、マイナンバー活用など、支払率の向上に資する制度・仕組みについても併せて検討すること。総務省は、NHKが番組の24時間インターネット同時配信を行うことを視野に入れながら、英国やドイツなど海外における受信料見直しの動きを踏まえ、わが国に最もふさわしい受信料制度について制度設計を行うこと。その際、英国のようにインターネットでのみ番組を視聴する者にも新たな受信料の負担を求める場合、また、ドイツのように（視聴とは関係なく）全世帯に負担を求める場合、それぞれのメリット・デメリットを十分に検証すること――などの第一次提言をまとめている（15年9月24日）。

NHK内は官邸や政権党のご機嫌を損ねず……とトップからニュース・報道番組の編集責任者まで綱渡りの心境にあるのかもしれない。公共放送としての矜持を持ち、政府広報機関化からの脱却を図る術はないのか。実現可能性は薄いだろうが、3点提言したい。

①経営委員会が主導して「視聴者と語る会」を実施しているが、その報道制作現場編を実施する。ホットなテーマを決め異なる意見を持つ視聴者と制作者が集い議論する。

②その議論・検討を基に視聴者と制作者が協働して番組を制作する。いわゆるパブリック・アクセス・チャンネル（PAC）への挑戦だ。

③政治、経済、社会、科学・文化などと分かれている取材体制を見直し、視聴者・市民の視点から公権力をチェックする横断的な組織を確立する。

永田町や霞が関に期待できない以上、これまでの放送法と公共放送の良質な面を大事にしたいと考えている視聴者と交流・連帯しながら、NHKの役職員自らが変わっていくことを期待したい。

（おだぎり　まこと・放送ジャーナリスト）

8 NHKと安倍政権 会長と永田町、因縁のものがたり

永田 浩三

問われるNHK会長の「資格要件」

2016年2月、ちまたは、甘利明経済再生担当大臣が閣僚を辞めたことより、SMAPの解散騒ぎ、ベッキーの不倫、清原和博元選手の覚醒剤所持の話題に関心があるようだ。いや、伝える側が、そうしたニュースを過剰に供給しているという方が正確だろう。

甘利前大臣の疑惑は底なしの様相を見せ、安倍政権の経済政策は壁にぶつかっている。にも関わらず、大手新聞は支持率は50%を超えたと伝えている。これってなんだか納得できない。裏があるのではないか……。そう感じるひとは少なくないのではないか。メディアがおかしいという意見の中で、いつも出てくるのは、ニュース、とりわけNHKのニュースがひどすぎる、政府べったりで、まるで安倍さんの応援団ではないかという声だ。国民が本当のことを知らされないため、政権を支持することになり、支持率が高いままに保たれるとい

うのだ。あながち間違っていないように思うが、どうだろうか。

惨状を極めるNHKニュース。しかし番組は力作が日常的に放送され、朝ドラの『あさが来た』も大河ドラマ『真田丸』もそれなりに健闘している。これはいったいどういうことなのだろう。いつからこのような事態に陥ったのか。遠吠えのようで恥ずかしい気もするが、自分の乏しい体験をからめつつ、考えをめぐらしてみたい。

2年前のことだ。きょうからNHK会長を務めます、どうぞよろしくとお披露目する日。元三井物産副社長の籾井勝人氏は「政府が右と言うことを左と言うわけにはいかない」「秘密保護法は必要だという政府の説明だから、これはとりあえず受けて、様子を見るしかない。まあ一応ですね、もう言ってもしようがないんじゃないか」と、会見の席で発言し、世の中をびっくりさせた。新聞各社からすぐに発言の起こしが送られてきて、感想を求められたが、わたしも椅子から転げ落ちそうになった。

NHKは中味はともかく世界最大規模の放送局。日本でただひとつの公共放送を担っている。そんな巨大なメディアのトップが、いきなり権力の監視の責務を放棄すると言ったのだ。「慰安婦」問題についても妙な発言をした。「慰安所はどこの国にもあった。戦争をしているどこの国にもあったでしょ……。韓国が『日本だけが強制連行した』みたいなことを言ってるから話がややこしいんです。だからお金よこせと言ってるわけですよ。補償しろと言ってるわけですよ。しかしそういうことはすべて日韓条約で全部解決してるわけで国際的には解決してるんですよ。それをなぜ蒸し返されるんですか。おかしいでしょ……」記者にはめられたのではない、持論を展開したくてうずうずしており、待ってましたとばかり答えたのだ。

質問したのは毎日新聞の臺宏士記者。臺さんは、過去の最大のスキャンダルのひとつ「ETV2001番組改変事件」を念頭に置いて迫った。臺さんはこの後、社を去ることになる。籾井氏は、そうした経緯について知らないのか、知ろうともしないのか、その後も不見識な発言を繰り返した。2015年2月、籾井氏は「従軍慰安婦の問題というのは政府のスタンスというのがまだ見えない。（戦後70年という節目の番組づくりは）慎重に考えなければならない」「村山談話も今のところはいいと思います。将来のことはわかりません。政権が代わって、そのひとが『村山談話はいらない』と言うかも知れない」とも語った。これは、政府見解がどうなるかによって、番組はそれに従うと言ったのに等しい。

2012年から3年にわたってNHKの最高意思決定機関である経営委員会の委員長代行や監査委員を務めた早稲田大学教授の上村達男さんと、この2月テレビの番組でじっくり話す機会があった。上村さんは言う。「『政府は右と言ったら左というわけにはいかない』とか『通っちゃったものはしょうがない』とかね。あれは今でも彼は個人的心情であると言っているんですよ。ということは、『資格要件』に反しているわけですから。放送法違反の個人的心情を持っているひとが、今トップにいる以上はなにをやったって正当性がないですよね」

上村さんが言う「資格要件」とはなんだろう。NHK経営委員会は、会長にふさわしいかどうかを判断する材料として6つの要件をあげている。

1. NHKの公共放送としての使命を十分に理解している。
2. 人格高潔であり、広く国民から信頼を得られる。
3. 政治的に中立である。
4. 構想力、リーダーシップが豊かである。
5. 社会環境の変化、新しい時代の要請に対し、的確に対応できる経営的センスを有する。
6. 業務遂行力があり、説明力がある。

わたしは、籾井氏の言動は6要件のうち少なくとも4つの要件に反していると思う。上村さんは2014年3月の経営委員会で、「籾井会長の発言そのものが、政治的中立に反しているし、放送法に反している」と発言している。上村さんは近著『NHKはなぜ、反知性主義に乗っ取られたのか』（2015年10月、東洋経済新報社）の中で、籾井氏のことを、反知性主義的な人物だと書いた。籾井氏の中身そのものが、NHK会長として絶対に間違っているとも書いた。いきなり大声で怒鳴ったり、席を立って出て行ってしまう。議論がそもそも成り立たない。それが上村さんの前に展開された籾井氏の実像だった。

わたしは、籾井氏と会ったことはない。上村さんにどんな人なのかを尋ねた。「宴会とかでは楽しい人だと思うんです。座を盛り上げようとする。でも公共放送のトップとしてはふさわしくない……」

なぜ、こんなことになってしまうのだろうか。ひとえに2013年秋のNHK経営委員の人選に負うところが大きい。そこで作家の百田尚樹氏や埼玉大学名誉教授の長谷川三千子氏ら、安倍総理に近い、「お友だち」といわれるひとが選ばれた。経営委員は、内閣が候補を挙げ、それを国会で承認する。全会一致が原則だ。なぜなら国民のどの層からも支持されるような人物が求められているからだ。しかし、安倍政権になってからは、経営委員の選任だけでなく、予算や事業計画についても全会一致にはほど遠く、与党やみんなの党（当時）などの賛成だけで承認されるという、異例の事態が続いている。いまは2月。自民党の総務会でNHKの2016年度の予算・事業計画がまな板に乗せられ、国会議員から追及される。国会よりも自民党のハードルの方がはるかに高い。会長に罵声や暴言が浴びせられることも珍しくない。NHKはただただ低姿勢であることを強いられる。今回も公明党が穏健な対応を示すのに比べ、自民党はことのほか手ごわいと聞いた。

戦後、再出発をはかったＮＨＫ

なぜこんなことになってしまったのか。いつから自民党に媚びへつらうＮＨＫに変わってしまったのか。ＮＨＫのこれまでの歩みを振り返る中で浮かび上がってくるものがある。

１９２４（大正13）年、ラジオが始まった時は、民放としてスタートするはずだった。「放送には公共性はあるが、生活に欠かせないというほどではない。採算が不透明な新しい事業に手をつけるのは得策ではない。番組づくりや出演者の選定といったことはお役所仕事には向かない……」逓信省はそんなとらえ方をしていたようだ。その方針を一変させたのは、政変によって返り咲いたばかりの犬養毅逓信大臣だった。犬養は直感した。放送の伝播力は偉大であり、徹底する力があるのではないか。結果、放送は政府の管掌下に置かれることになる。逓信省は通達を出し、「外交または軍事機密」「官公庁の秘密」「官庁が放送を禁止した事項」などは放送してはならないと取り締まった。さすがにＮＨＫ側から不満が噴出する。「将来の日本放送協会は断固官憲の圧迫をしりぞけ、本来の精神にもとづいて事業を遂行する」という決議文を出す。だがそれは絵に描いた餅に終わる。もっとひどい状況が訪れたのだ。

１９４０年から内閣情報局の指導のもと、ＮＨＫは国策の徹底・世論の指導・戦意高揚のために旗を振ることになった。「こぞって国防、そろってラジオ」が合言葉になった。

そして敗戦。戦争に加担した反省とＧＨＱの指導によって、ＮＨＫの民主化が行われた。いまの経営委員会にあたる放送委員会のメンバー、放送委員には、荒畑寒村氏・宮本百合子氏・加藤シヅエ氏・滝川幸辰氏・岩波茂雄氏らが選ばれ、共和国憲法の立案にもあたった高野岩三郎氏（大原社会問題研究所長）が、新生ＮＨＫの初代会長に選出された。高野新会長は言った。「ラジオの真の大衆性は、大衆とともに歩み、大衆とともに手を取り合いつつ、大衆に一歩先んずることである」。つまり、高野氏は国家のための放送ではなく、市民のための放送でなくてはならないと言ったのだ。放送委員のひとり、滝川幸辰氏は滝川事件で知られる京大教授。国家に批判的な大学人への弾圧を受けたことで知られる。ちなみに、原節子が毅然と立ち上がる女性を演じた黒澤映画『わが青春に悔いなし』には、滝川をモデルとした京大教授が登場する。

放送委員たちは、民主主義を実のあるものにするため、マルクス経済学者でもあった高野に公共放送の舵取りを任せようと決めた。放送の自由を担保しつつ、市民による放送の自主的な管理をすることが構想された。NHKの本体と放送委員会、そして組合の三者が委員会をつくってNHKを経営していけないか、模索が始まった。「みなさまのNHK」というスローガンを実態あるものにしようとしたのだ。

残念ながら、こうした実験的な試みは長く続かなかった。NHKと郵政省の双方が結託し、市民から距離を置く道が選ばれた。1948年、放送委員会は消滅し、翌49年高野は病没。次の会長・古垣鉄郎（元朝日新聞ヨーロッパ支局長）は、「NHK職員は、真の民主主義を探求するという勇気を忘れてはならない」と述べたものの、GHQの指示を受け、「共産党員とその同調者」の追放をうたうレッドパージを行った。メディアの中でNHKのパージがもっとも苛烈であった。古垣会長は、吉田茂総理大臣の覚えめでたく、「日本放送協会放送準則」を決める。この準則は、1959年「日本放送協会国内番組基準」がつくられるまで、NHKを縛ることになる。第1条にはこんな一文が書かれていた。「放送は、公共性の立場から政府の政策を徹底させることに協力するものであるが、編集権は協会に属するものとする」。つまり、NHKは国策を伝えるところとしたのだ。NHKが自主的に伝えるのであって、政府の言いなりではないとしながら、これでは戦前の国策のプロパガンダ機関と何も変わらないではないだろうか。古垣会長は、1950年の朝鮮戦争の際、北朝鮮に向かって宣伝放送をすることにも同意した。戦前に帰ったようだった。

１９６０年代以降の光と影

１９６０年代、元朝日新聞記者の前田義徳が12年間会長を務めることになる。前田会長は、全国放送網の確立、世界最先端のコンピュータシステムの導入、衛星放送構想の推進など、大胆な経営戦略を打ち出し、「ＮＨＫ中興の祖」と言われる。前田は、とかく政権与党の顔色を伺いがちのＮＨＫからの脱却を目指し、アメリカのように政府から距離を置いた独立行政委員会の設置を進めようとした。しかし、放送法の改正の一歩手前で計画は頓挫する。もし、このとき前田のプランが実現していたら、今日のような安倍政権の意のままに操られるＮＨＫにはならなかったかもしれない。とはいえ、ワンマンと言われた前田会長は、佐藤栄作総理大臣らとの結びつきも深かった。佐藤の退陣の時の記者会見で、新聞記者がすべて退席し、「テレビはどこだ、ＮＨＫはどこだ」と叫んだ出来事は、当時の竹下登官房長官と前田会長のあいだで事前の根回しがなされていたとされている。

１９８８年、わたしは、渋谷区松濤に住む元自民党代議士・岡崎英城氏を取材したことがある。岡崎氏は、１９６０年の安保闘争の時、岸信介総理の側近として岸氏を守り抜いたことで知られる。インタビューでは、岡崎氏が戦争中に特高警察の官僚だったころのことを聴いた。取材が終わり、帰ろうとした時、岡崎氏は言った。「ＮＨＫが内幸町から神南に移るとき、ぼくがいろいろ助けてやったんだ。きみは知ってるか？……」そんなこと知るはずもない。後でわかったことだが、代々木の公園の一帯は、都有地として厳しい建築制限があり、放送センターを建てることは簡単ではなかった。規制を突破するのに、岡崎氏ら政治家の力を借りたということのようだ。「口利き」が行われ、お金が動いたとも言われているが、今となっては確かめようがない。しかし、ＮＨＫと政治家との関係は抜き差しならないことを、そのとき感じた。

わたしがＮＨＫに入ったのは１９７７（昭和52）年。その前年の８月、当時ＮＨＫ会長だった小野吉郎氏が、ロッキード事件の保釈直後の田中角栄前総理大臣の目白の私邸を、公用車で御機嫌伺いに行ったことが発覚。世間の批判を浴び、辞任に追い込まれたことがあった。小野氏は、第1次岸内閣で、田中角栄氏が郵政大臣として初入閣したときの郵政事務次官。前田会長のあとを務めていた。この時、NHKの組合日放労は、市民に呼びかけ、わずか1週間で130万人を超える署名を集めた。世の中は受信料不払い運動が燃え盛った。そうした中で、NHK初の生え抜き会長が誕生した。芸能番組のプロデューサーであった坂本朝一氏である。わたしは坂本氏から入社の辞令をもらった。当時は、飲み屋で、NHK職員であることがばれると、からまれ、軽蔑され、罵倒された。悪酔いし、悔しくて泣いた。

そのあと、さまざまなひとがNHKの会長になる。生え抜きということで言えば、坂本氏のあと、川原正人・島桂次・川口幹夫・海老沢勝二・橋本元一。外部からは、三井物産から池田芳蔵・アサヒビールの福地茂雄・JR東海の松本正之・そしてやはり三井物産からの現会長・籾井勝人氏である。最近で言えば、福地・松本・籾井と3代にわたって、外部から会長を招いている。

この中で、政治との距離の近さがもっとも話題となったのは、島会長と海老沢会長の時代だろう。島氏は、田中角栄の盟友・大平正芳に近く、宏池会の幹部でもあった。自民党の派閥の幹部で、NHK会長を務めたのは、後にも先にも島氏しかいない。NHKと政治との距離なんて、あったものではない。永田町の当事者がNHKを支配した時代があったのだ。島氏が政治部の部下として可愛がったのが、のちに会長になる海老沢氏だった。ちなみに海老沢氏が結婚した相手は、佐藤栄作氏の娘。政治部記者時代の最大のスクープは、佐藤栄作の死をいち早くつかみ、ニュースにしたことだった。

政治との距離が次第に近づく

1981年2月、『ニュースセンター9時』(いまの『ニュースウオッチ9』の前身)で放送予定の「ロッキード事件五年——田中角栄の光と影」の一部が業務命令で放送中止になるという、世に言う「ロッキード・三木発言カット事件」が起きた。このころのNHKのロッキード報道は、めざましいものがあった。ニュースソースに日本共産党の機関紙「赤旗」を選ぶこともいとわなかった。今では想像できない。そんななか、三木総理の発言の削除を島報道局長が命じたのだった。オールドパーに酔った田中元総理が、まっ赤な顔で檄を飛ばすところも削除の対象になったと聞く。社会部を中心とした現場の記者・ディレクターは激しく反発し、組合の闘争が始まった。当時わたしは、京都放送局のディレクター5年目。市民とともに、「NHKと政治」というテーマで頻繁に集会を開いた。集会には、東京の最前線で闘う社会部の記者にも来てもらった。しかし、彼らは島氏らの逆鱗に触れ、ことごとく東京を追われることとなった。露骨な報復人事である。われわれ京都の若手職員に対してはおとがめなしだった。

1989年4月、島氏はNHK会長に就任。衛星放送の本放送を開始し、NHKエンタープライズなどの関連団体を活用した積極拡大路線を進めた。しかし、そうした島氏の戦略は民放に警戒感を抱かせ、国際メディア・コーポレーション(MICO)の設立に民放各社が協力を拒否したり、グローバルニュースネットワークが頓挫したりもした。

1991年4月、放送衛星の打ち上げ失敗の問題を巡って、国会の場で虚偽の答弁をしたことが問題となり、7月会長職を辞任した。追及したのは当時逓信委員長だった野中広務氏。追い落としには後に会長になる海老沢氏や政治部の看板記者、それに自民党経世会の暗躍があったとされているが、真偽のほどはわからない。

このころわたしは、デスクからプロデューサーになり、『ミッドナイトジャーナル』『ナイトジャーナル』を担当した。『ミッドナイト』では、編責としてニュースのオーダーの会議に出席することもあった。夜の7時や9時、看板のニュースの編責に混じって、弱小の深夜帯の中身を報告した。『ミッドナイト』では、政治部記者だった河崎曽一郎解説委員とともに、政治ネタをずいぶん扱った。「自民党総裁の椅子」と題して、自民党本部の総裁室に行き、椅子に座ってみるという企画や、「民社党はいるのか?」というテーマの特集も放送した。今だと怒られるような、政治家をおちょくることもやった。そんな中で、どうしても理解できなかったのは、小選挙区制の導入をめぐる動きだ。「政治改革」イコール「小選挙区制」というのは違っていると思っても、NHKの中でわかってもらえなかった。当時自民党の若手議員だった石破茂氏にスタジオで、そのあたりの疑問をぶつけたこともあった。ニュースの編責をやった経験として思うことがある。オーダーの会議で突出することは、よっぽど勇気がいるということだ。わたしは、NHKに入って以来、教養ドキュメンタリーの世界で生きてきた。だからニュースの世界で馬鹿にされ、否定されてもまったく平気なのだった。だから変なこともいっぱいやった。しかし、ふつうはそうはいかない。突出することは面倒くさいことなのだ。去年国会前では市民や学生たちの包囲が何度も繰り返された。しかし、NHKのニュースは極端に冷やかだった。わかるような気がする。会議の席では、冷笑的な態度の方が安全なのだ。市民に寄り添う、政治の世界を根本から問うなどということは、目立って仕方がない。「なに熱くなっているの?」などと揶揄されるのが嫌なのだ。政権にこびるというのとは違う。会議を穏便にしのぎたいだけなのだ。

さてこのあと、会長になったのは芸能プロデューサー出身の川口幹夫氏だった。このころわたしは『クローズアップ現代』のプロデューサー。阪神・淡路大震災やオウム真理教事件など、大きな出来事が立て続けに起き、日々の仕事に追われた。

川口体制のもと、わたしは10年後のNHKを考え提言する「NEXT10」というプロジェクトのメンバーになった。将来もＮＨＫはあり続けるために、いまなにを変えなければならないのか。職場の課題を洗い出した。組織とはなにか、専門のひとからヒアリングを繰り返した。そこでわかったのは、人事というのはやっかいなものだということだ。たとえば、ＮＨＫのローカル放送局の局長の人事。われわれは、地方局のトップがころころ変わるのはおかしい。もっと継続性のある人事システムにすべきだと考えていた。しかし、現実は複雑だった。地方の局長の中には、問題を引き起こし、一刻もはやく東京に戻さなければならない人が出てしまう。だから任期が長いと困ることがあるのだ。わたしは、これまで人事とは優秀な人材をどう活用するかが重要だと思っていた。しかし、実際の人事では、問題のある人をどう大過なく過ごしてもらうかに腐心していることを知った。人材の積極活用というより、マイナスをどう減らすかが人事の要諦だった。人事にはきちんとしたルールがある。異例の移動などということはめったにない。だからこそ、ロッキード事件や番組改変事件などでの左遷人事がめだってしまうことも教えられた。川口体制では、政治家との癒着はなかったのか。そうではない。政治家とのパイプが弱い会長は、自民党の幹部とのつながりをあらたに模索し、それがＮＨＫ局内の政治部記者の縄張りとの緊張を生んだとも聞いた。が、詳しいことはわからない。

海老沢体制下で起きた番組改変

さて、川口氏のあとの会長になったのは政治部出身の海老沢勝二氏である。「ＮＥＸＴ10」で議論されたことは、ほとんど顧みられることはなくなった。なんと無駄なことだろう。『クローズアップ現代』でへとへとになったわたしは、希望して教養番組に戻してもらった。そこで起きたのは、ＥＴＶ２００１番組改変事件である。これについてはさまざまなところに書いてきたので繰り返すことは止めるが、ＮＨＫと政治という流れの中で少し考えてみたい。

事件が起きたのは、2001年1月末のこと。当時は森喜朗内閣。自民党の幹事長は野中広務氏だった。前述したように、NHKと田中角栄元総理との関係は切っても切れない。田中派の大番頭・橋本登美三郎の茨城人脈は、NHKの内部にも「西湖会」として張り巡らされている。海老沢氏やその下で理事となった諸星衛氏は、その人脈のドンである。

番組改変事件は、二つの舞台がある。第1ラウンドは、制作にあたったドキュメンタリージャパンとわたしを含む教養番組部との確執である。アジア・太平洋戦争の中で、非常に広範な領域で起きた日本軍のもとで慰安婦にされた被害女性の問題を、人道に対する罪と当時の国際法の立場から考え、裁こうとする「女性国際戦犯法廷」をとりあげたこの番組は、壇上の法廷のドキュメントに終始するのか、舞台裏の確執なども織り込みながら、裁くことの意味や難しさを問うのかをめぐって、編集現場で混乱が起きた。編集長であったわたしの力量の不足も混乱を助長した。しかし、そこにはまだ政治家の影は見えなかった。

そして第2ラウンド。編集現場はドキュメンタリージャパンとNHKが決裂。素材はNHKが引き取り、編集しなおすことになった。吉岡民夫教養番組部長、永田、長井暁デスクの3人がその任にあたった。ここで不思議なことが起きる。ふだんは番組づくりの現場にやってこないはずの、国会を担当する総合企画室・野島直樹担当局長が、番組の構成の点検にやってきたのだ。松尾武放送総局長、伊東律子番組制作局長（現在の制作局長にあたる）と野島氏の3人が、番組の内容について指示を出し、編集が進められた。女性国際戦犯法廷に否定的な論者の意見も番組の中できちんと紹介することが言い渡されたが、それ以外決定的な変更点はなかった。

ところが、放送前日異変が起きる。松尾総局長と野島総合企画室担当局長が、永田町に向かい、当時内閣官房副長官だった安倍晋三氏らと会い、やりとりを交わした。その後NHKに戻った二人の幹部は、わたしに対して劇的な番組の改変を命じた。それまで、伊東局長も含め、幹部の了解や指示を受けて仕上げてきたにもかかわらず、ちゃぶ台をひっくり返すような変更が業務命令として出された。元慰安婦の女性たちはビジネスだったと言うのはどうか、日本政府が慰安婦制度に関与したにしても、それはトラブルを避けるための「よい関与」ではないか……、これまでまったく話題にならなかった指示が出された。ただただ驚き、しっかり抗うことができない中、放送は4分短いかたちで出た。NHKに入って以来経験したことがない混乱だった。

松尾総局長と安倍氏とのやりとりが明らかになっている。松尾氏が番組の中身を説明したところ、安倍氏は、「公平中立にやってくれ」と言った。さらに加えて、「お前、勘ぐれ！」と言ったとされている。勘ぐれとはどういうことなのか。日本国憲法第21条にはこうある。

「集会、結社及び言論、出版その他一切の表現の自由は、これを保障する。検閲は、これはしてはならない」。検閲とはなにか、その解釈は幅があるが、政府高官であった安倍氏が、放送前に、ここを直せ、あそこはいけないなどと言うことは100%検閲にあたり、もしそんなことが明らかになれば、その時点で安倍氏の政治生命は終わっていただろう。しかし、もちろんそうはならず、歴史は安倍氏に2回も総理の椅子を用意することとなった。

安倍氏とNHK、その関係はこれでよいのか

さて、その後、ETV2001の取材を受けた主催者たちからNHKやドキュメンタリージャパンは訴えられることになり、裁判が始まった。あれほどロケなどに協力したのに、期待とは似ても似つかぬ番組が放送されたのは、不法行為にあたるとして損害賠償を求めたのだ。二審の東京高裁の結審の直前、朝日新聞の本田雅和記者が、放送前日の安倍晋三氏・中川昭一氏と、松尾放送総局長とのやりとりをスクープ。翌日には、長井

暁デスク（当時）が内部告発の記者会見を行い、その後、裁判の場でわたしも経験したことをすべて語ることになった。結果は、NHK側の敗訴。その後最高裁で覆ったが、事実認定そのものは揺るがなかった。東京高裁の判断はこうだ。「NHKが政治家の意見を忖度し、あたりさわりのない内容に変えた。その行為は、本来大切にすべき編集の自由を自身で損なう不法行為であった」。

長井氏が告発の会見を開いた時、わたしのところにNHKの幹部から電話が入った。「NHKが政治家から圧力を受けてきたことはいつものことじゃないか。なにをことさら問題にしているんだ。彼はおかしくないか？」

リアリズムで言えばそうかもしれない。しかしどうしても納得できないことがある。当時自民党を握っていたのは野中広務氏。経世会の力は健在だった。安倍氏はまだ若手の議員のひとりにすぎず、屈しなければならない相手ではなかった。経世会担当の野島担当局長は、そのあたりの事情を熟知していたはずだ。後日、故・筑紫哲也さんがこの件を野中氏に問いただしたところ、野中氏はNHKが簡単に安倍氏の言うことに従ったことに、激しい不快感を示したと言う。ここのところは今でもわからない。ひとつ考えられることは、放送の翌週に、自民党の総務会が予定されており、番組のことで海老沢会長が厳しく糾弾されることを避けたかったのではないか。しかし、実際は、番組を変えたところで、中川昭一氏らの攻撃は収まらなかった。後日中川氏はこのようなことを言った。「文句を言ったのは、たしかだ。このままでは放送させないとも言った（後に否定）。しかし、NHKは嫌なら拒否すればいい。それだけのことだ」。

わたしの大先輩で政治部記者として島会長と闘った川崎泰資さんは言う。NHKの会長人事で、ときの総理が関与しなかったことは、ただの一度もない、一度も。厳密にいえば、民主党政権下では、NHKの人事に口を出す余裕がなかったため、影響を受けなかったと言われている。しかし、それ以外はいつも自民党の了解が必要であった。そのなかで、第2次・第3次安倍政権のNHKへの介入は常軌を逸している。経営委員人事・会長人事にとどまらず、ニュースや番組にさまざまな圧力をかける。秘密保護法、原発再稼動、辺野古の新基地建設、安全保障関連法案をめぐる国会審議、TPP、交渉、戦後70年談話、日韓における「慰安婦」問題の外交交渉……これらのニュースがまともだったことはない。安倍総理の失策に見えるところは伝えない。法案の問題点について深く掘り下げることをしない。海外の同様のケースを調査し、あらたな論点を提示することをしない。市民や若者が声をあげるうねりを冷淡にしか伝えない……。これは異常である。

安倍氏が国会議員としてデビューしたのは、1993年、細川政権が誕生した時だ。つまり、安倍氏は最初、野党の議員としてスタートしたのだ。その直前、宮澤内閣の河野洋平官房長官談話が出され、「慰安婦」問題の責任を認め、末永く語り継いでいくことを国際的に約束。歴史教科書にもしっかり記述されるようになった。そうした動きに終始異を唱え、教科書から「慰安婦」についての言及を取り除くことが、安倍氏の政治信条となった。仲間を募り、教科書攻撃は成果を上げた。次に標的となったのは、「慰安婦」問題を取り上げた番組だった。安倍氏の宿願は、籾井会長の「慰安婦」問題へのスタンスに見られるように達成されつつあるように思う。

昨年末、日韓政府の間で、慰安婦問題をめぐる合意がなされたが、被害に遭った当事者を抜きに進める姿勢は、番組改変事件の時から何も変わっていないとわたしは思う。問題は、そうした安倍氏、あるいは安倍政権のいびつさについて、NHKはほとんど言及できないどころか、よいしょに務めているという実態だ。なかでも政治部の岩田明子記者のふるまいは極端だが、彼女だけが変なのではない。これを惨状と言わずしてなんとしよう。憲法をねじ曲げ、平和をむしばみ、表現の自由を踏みにじり、知性から逃走し、民主主義を破壊する。それに異を唱えないのはおかしなことだ。

ＮＨＫがＮＨＫであるための法律・放送法の第1条にはこうある。

「放送の不偏不党、真実及び自律を保障することによつて、放送による表現の自由を確保すること。放送に携わる者の職責を明らかにすることによつて、放送が健全な民主主義の発達に資するようにすること。」

不偏不党は、ＮＨＫが表現の自由を確保するために、政権や社会が保障しなければならないものだ。自民党が「あの番組は偏っている」などと言って放送局を弾圧するための方便ではない。そしてなにより大事なのは、放送は健全な民主主義のためにあるということ。わざわざ「健全な」と書かれているのは、少数意見も含め、多様な意見が尊重される、懐の深い寛容な民主主義を放送によってつくっていきなさいと言っているのだ。

見てきたようにＮＨＫと自民党との関係は、安倍政権になってから急におかしくなったのではない。ずっと病んでいたのだ。健全だったことは一度もない。

しかし、その政治との関係があまりに露骨であり、身もふたもなく、だれの目にもおかしいというのは、まさに今なのだと思う。安倍政権が乱暴で用意周到なだけでない。ＮＨＫの側に抗する覚悟が乏しいのだ。民主主義は破壊されてはならない。たとえ予算と事業計画の承認を政権与党に握られていても、なにもできないわけではない。市民を味方につけ、からだを張って日々の仕事の中で、地道で深い事実をもってあらがうべきだ。それこそがＮＨＫの存在の意義だと思う。

（ながた　こうぞう・武蔵大学教授）

9 報道圧力に抗う 基地の島・沖縄から問う民主主義と言論の自由

松元　剛

歴史は繰り返される。沖縄の基地問題は特にそうだろう。日本の「国益」というより、対米従属にとらわれた時の「政権益」が最優先され、苦難の歴史と背中合わせの民意が宿る「沖縄県益」は力ずくで片隅に追いやられてきた。米軍基地の自由使用が保障された沖縄返還交渉や、普天間飛行場の移設を伴う名護市辺野古への新基地建設問題の節目を振り返ると、基地重圧を改める日米の約束事がほとんど果たされないまま、沖縄社会にぬぐい難い中央政府への不信と怒りを残してきた。

時の政権にとって不都合な沖縄の民意から目を背け、基地問題の真実を覆い隠す。県民、国民の知る権利をないがしろにし、基地重圧が温存される構図である。

その陰影が刻まれている沖縄の戦後史に、2015年夏は自民党内の会合で表面化した「沖縄の2紙をつぶせ」という言論封殺の動きが加わった。沖縄の戦後史と基地の実情への無知と無責任、報道・表現の自由を著しく軽んじる傲慢で危険な政権党の思考回路が鮮明になった。

そして秋には、辺野古埋め立てをめぐり、安倍政権は前知事による承認を取り消した翁長雄志知事の権限を剥奪する「代執行訴訟」を起こし、地方自治を掘り崩す強権を発動した。

沖縄の民意を軽んじ、沖縄の恒久基地化を図る動きに対し、沖縄県紙として県民の尊厳を懸けて抗っていく―。その延長線上で、日本の民主主義が果たして生きているのかを厳しく問い続けねばならない。こうした決意を新たにする節目となった。

沖縄戦の甚大な犠牲

2015年は沖縄県民のほぼ4人の1人が犠牲になった沖縄戦から70年の節目だった。

沖縄戦は「本土決戦」の準備が整うまで、米軍を一日でも長く沖縄に引き付けておく「出血持久戦」（帝国陸海軍作戦計画大綱）だった。沖縄に駐留した第32軍が司令部のある首里で降伏せず、沖縄本島南部の摩文仁、喜屋武一帯に撤退したのは当時の大本営の方針に従ったからだ。

第32軍は沖縄県民を守るために配備された軍ではなく、住民保護の視点が決定的に欠落していた。「出血持久戦」によって、南下した軍と行動を共にした非戦闘員のウチナーンチュが戦火に巻き込まれ、おびただしい県民が犠牲になった。日本兵による食料強奪、壕追い出し、壕内で泣く子の殺害、住民をスパイ視した上での虐殺が県内各地で相次いだ。

日本軍は住民から機密が漏れるのを防ぐため、住民が米軍に投降することを許さず軍と共に生き、軍と共に死ぬ「軍官民共生共死の一体化」の指導方針（「報道宣伝防諜（ぼうちょう）等に関する県民指導要綱」）を発令していた。そのため戦場で日本軍による命令や、強制、誘導によって、親子、親類、友人、知人同士が殺し合う惨劇も発生した。

県民にとって沖縄戦の教訓は「軍隊は住民を守らない」だったのである。それは沖縄戦研究者に共通する見解だ。琉球新報は第32軍を「沖縄守備軍」と記すことをやめ、沖縄に配属された32軍と記すようにしている。米軍の戦史が「ありったけの地獄を集めた」と表現した凄惨な地上戦の犠牲になった沖縄県民は防衛隊員として戦場に狩り出された人を含め、12万2千人余に上る。

あれから70年の歳月を経て、平和を願う県民に重くのしかかっているのが在沖米軍基地による過重負担だ。国土の0・6%の県土に、全国の米軍専用基地の73・8%が集中している。米軍と兵士が起こす事件・事故に加え、沖縄社会の強い反対を無視して、安倍政権は名護市辺野古の美しい海を埋め立てて普天間飛行場の代わりとなる新たな基地を造る計画を推進する姿勢を改めようとしない。

沖縄戦のトラウマ

過酷な地上戦から針の穴をくぐるように生還した人たちが戦後、肉体だけでなく心をひどくむしばまれ、その傷が癒やされることなく生きてきたことが実証されている。

医師や臨床心理士、研究者などでつくる「沖縄戦トラウマ研究会」が調査した沖縄戦体験者のうち、約4割が心的外傷後ストレス障害（ＰＴＳＤ）を発症しているか、発症する可能性が高い深刻な心の傷（トラウマ）を抱えている。沖縄本島全域の４００人超の沖縄戦体験者に聴き取り調査し、２０１３年に発表されたデータである。

ＰＴＳＤの発症やトラウマにさいなまれている沖縄戦体験者の割合は、ベトナム戦争に従軍した米兵、阪神・淡路大震災後の被災者の約2倍に上る。トラウマが表れる理由の一つに、沖縄に駐留し続ける米軍の存在

琉球新報
THE RYUKYU SHIMPO
6月2日火曜日
「辺野古取り消し」77％
県内移設反対83％
71％作業停止求める
新報・OTV世論調査
米首都で要請開始
知事「積極的平和主義」を批判
攻撃意思不明も
集団的自衛権 専守防衛の概
調査の方法

がある。
強姦や強盗など米兵が引き起こす犯罪が報じられる度に、沖縄戦当時の記憶が突然よみがえるフラッシュバックにさいなまれる人が多くいる。普天間飛行場に強行配備された新型輸送機MV22オスプレイなど日々上空を飛び交う米軍機の爆音も、悲惨な記憶を呼び起こすのである。

沖縄戦体験者にとって戦争はまだ終わっていない。PTSD発症の一因とされる米軍被害をなくすためにも、普天間飛行場の閉鎖・県外移設、日米地位協定の改定は急務の課題になっている。

沖縄の基地負担は、沖縄戦の記憶と戦後に積み重ねられてきた基地被害の連鎖を縦糸に、日々の基地運用で生み出される新たな被害を横糸にした重層的構造になっているのである。

不戦を誓い、恒久平和の思いを抱く県民にとって、沖縄戦と辺野古の新基地建設はまぎれもなく地続きの問題なのである。

新基地建設をごり押しする安倍政権の強権的な姿勢に対抗し、沖縄社会は尊厳を懸けて新基地ノーの営みを強めている。それはあらゆる世論調査で7割～9割が辺野古の新基地建設に反対する民意に表れている。

直近の2015年5月に実施された琉球新報と沖縄テレビの戦後70年世論調査では、普天間飛行場の県内移設に反対する回答が83％に上り、辺野古での作業停止を71・6％の人が求めた。翁長雄志知事が、仲井真弘多前知事による辺野古埋め立て承認を取り消すことの是非を問うと、77・2％が取り消しを支持した。

日本の法律の規制を受け排他的基地管理権に基づき、米軍が施設の建設や訓練をほぼ自由に実施できる状況は全く改められていない。在沖米軍基地の運用は明らかに不公平、不平等である。沖縄の民意が反映されない状況を踏まえるなら、もはや「差別」「不正義」という言葉を用いるしかない。

こうした不条理が横たわる沖縄の地元メディアには、基地に接して暮らす住民の命の重さがあまりに不当に軽く扱われている二重基準を改め、人権や生活を容赦なくむしばむ基地の弊害を少しでも改善させていく重い使命がある。

福島と重なるもの

東日本大震災・東京電力福島第1原発事故から5年がすぎた。

戦後、永田町・霞が関をいただく東京を中心に、本土の大多数の国民の利益が優先され、沖縄は天皇メッセージによって日本から切り離された。そして、強権的に米軍基地が築かれた。国土の0・6%にすぎない南の島は否応なく日本の安全保障の礎を背負わされてきた。一方、東北・福島は電気や食糧、働き手を首都圏に供給する「基地」としての役割を強いられた。

ごく限られた地域に安全保障やエネルギー供給源の負担を負わせる一方、その地域の苦しみに対しては見て見ぬふりをする「人ごとの論理」が息づき、それが基地問題でも、安全神話に浸り切った国や電力業界の横暴を許した原発問題でも深層を見えなくしてきたように思う。この国は公共事業と雇用確保、補助金・交付金という名のアメを用いて、安全保障とエネルギー政策の「負担偏在」という根源的問題にふたをしてきた。

沖縄と福島には共通する構造がもちろんあるものの、強引に押し付けられた地と受け入れさせられた地という違いがあろう。総じて、原発は、過疎や財政難に悩む自治体が国や電力会社から地域振興策を示され、やむを得ず受け入れた経緯がある。一方、沖縄本島の優良地の大半を組み敷く大半の米軍基地には、沖縄戦後の強制接収による土地強奪の陰影がくっきり刻まれている。

問題の成り立ちは異なるが、国家の論理に翻弄され、地域のことを地域が決める自己決定権がむしばまれた歴史は似通う。地域の未来を懸けた「新基地ノー」と「脱原発&被災者の心の復興」を掲げて国の施策に抗う点で沖縄と福島は似通った状況にある。

原発事故による放射性物質の飛散により故郷を追われた福島県民は約4万3千人に上り、原発の危険性は電力不足や食の安全、相次ぐ稼働停止訴訟などによって国民に広く周知された面がある。被災者の悲痛な叫びと自治体の疲弊が発信され、原発政策の無責任さが大きくクローズアップされたにもかかわらず、原発再稼働が続き、被災地の苦しみが報われる気配がまだ乏しい。ただ、歩みは遅いとはいえ、長期的なエネルギー政策は「脱原発」に向かっている。それは望ましいとは言えるだろう。

「人ごと」の論理

ところが、沖縄の米軍基地とその被害はどうだろうか。

普天間飛行場や嘉手納基地を離発着する米軍機の離着陸音はすさまじい。車の前約1メートルに膝を突いて聞く警笛の音（約100〜110デシベル）と同レベルの激しい米軍機の離着陸訓練の爆音が日に数十回から百数十回も響く。防ぎようがなく、激痛音とも称される。食事中の家族の会話が引き裂かれ、テレビや電話の音が聞こえなくなる生活は、嘉手納、普天間の両基地に接して暮らさない限り実感できまい。

「抑止力」という観念的で数値化できない言葉がひとり歩きし、沖縄に基地を置く根拠として理解しろと言われても、戦後70年も米軍事件・事故にさらされてきた大半の県民にとって理解しようがないのである。

沖縄の米軍基地の弊害と功罪を肌で感じる機会が乏しいだけに、全国民的な共感の広がりに限りがあることは否めない。

２０１２年10月に普天間飛行場に危険機種・ＭＶ22オスプレイが配備された問題では、選挙で選ばれた県知事、41全市町村長、議会が全て反対し、参加者が10万人を超える県民大会が開かれた。間接民主主義と直接民主主義の手立てを尽くして反対、抵抗したにもかかわらず、沖縄への配備が強行された。そして、本土にとって危うい普天間飛行場を国土の０・６％しかない「基地の島・ＯＫＩＮＡＷＡ」に押し込める営みがやむ気配はない。

日本が自発的対米従属の呪縛から脱せず、自立的な意思決定ができないからではないか。霞が関・永田町の官僚支配、思考停止と符節を合わせるかのように「人ごとの論理」は根深く息づいている。

住民の目線で弊害突く

沖縄の新聞は、こうした病弊を何とか改める命題に向き合わねばならない。琉球新報の基地報道の軸足は、地を這うような取材を尽くし、基地被害に苦しむ住民に徹底的に寄り添うことにある。住民の目線で基地の弊害を突き改善を求めるため、時には肩肘張って日米両政府に挑み掛かるような論を立てることもしばしばある。沖縄の基地問題の歴史は、基地の運用に関わる重要な情報が隠され、県民の預かり知らないところで軍事機能が強化されることが繰り返されてきた。名護市辺野古への普天間飛行場の代替基地建設をめぐり、日本政府が１９９６年から米国に根回しし、危険性が高いＭＶ22オスプレイの配備を隠し続けてきたことにも象徴される。

平然と情報を隠したり、嘘をつく日米政府の説明を疑ってかかり、四方八方から、時間をかけて検証を尽くすことも取材手法の一つだ。

２００３年末、琉球新報は永久秘の日米地位協定の裏解釈マニュアルを入手した。ただでさえ、米軍優位が歴然としている地位協定だが、ごく限られた外務官僚が手にし、日米政府が統一解釈を図るために１９７３年に密かに作られたのが「日米地位協定の考え方」である。表紙に「永久秘」と刻印された機密文書だ。

２００４年の1月1日に全容を特報したところ、当時の稲嶺恵一知事や基地所在市町村長に加え、沖縄県選出国会議員が与野党を超えて国政調査権を用いて外務省に公開を迫った。だが、外務省は文書の存在の有無さえ明らかにしようとしなかった。

そこで琉球新報は同月1月13日付朝刊を緊急増ページし、8面を割いてA4版で１５０ページを超える機密文書の全文を一挙に掲載した。ようやく外務省は機密文書の存在自体は認めたが、度重なる公開要求に対しては「米国との信頼関係を損なう」として頑なに公開を拒否したうえで、ささやかれていた機密文書の「増補版」の存在を認めた。

何としても「増補版」も報じねばならなかった。7カ月後の２００４年7月、私たちはようやくこの「増補版」全文を入手した。案の定、増補版は米軍優位の裏解釈がさらに露骨になり、基地被害にあえぐ周辺住民に背を向けた対米従属の膿が詰まっていた。外務省は再び、「米国との信頼関係」を挙げて全文の公開を拒否した。

今度は、毎日2面ずつ9日間にわたって計18面を使って、文書の問題点を突く解説を網羅して全文を掲載した。切り抜いて冊子にできる工夫も施した。

日米関係の恥部が2度も報じられ、外務省内は大騒ぎになり、流出源を探し出す「犯人捜し」に躍起になったが、不発に終わった。

こうした形で、膨大な日米の公文書を読み解くことで基地負担の裏面を暴く報道も続けてきた。時には、問題を抱える基地内に非公式に立ち入り、環境汚染の現場などを直に確認して、紙面化する体当りの取材も展開している。

ここ最近は、政府が喧伝してきた「基地がないと沖縄はやっていけない」という固定観念を、具体的なデータを交えて覆す報道に力を入れている。ワシントンに特派員を派遣し、財政難にあえぎ、在沖基地の必要性に疑念を深める米国の議会サイドの地殻変動を沖縄の目線で切り取ることにも、国内メディアの中で先鞭を付けてきた自負がある。

時代が移ろう中で新たな取材手法や切り口も台頭してきたが、米軍統治下の先輩記者たちから受け継がれてきた、住民の目線で基地被害に肉薄する基本姿勢は変わらない。

「誰のために、何のために、何をどう書くのか」。私たちの基地報道の立ち位置が鋭く問われたのが、2011年11月の沖縄防衛局長の暴言問題だった。

防衛局長の暴言報道

2011年11月28日夜、朝刊の政治部デスクとして政治・行政ニュースが入った2、3面のゲラの見出しを追っていると、琉球新報政治部の電話が鳴った。午後11時の10分ほど前だった。

田中聡防衛省沖縄防衛局長との酒食を交えた懇談に出ていた基地担当記者の内間健友記者からの電話だった。ゆっくりと言葉をつなぐ様子から緊迫感が伝わった。

「『一川（保夫）防衛相はなぜ、辺野古環境アセスの評価書提出の時期を（米国に約束した）年内と明言しないのか』と質問したら、田中局長が『犯す前にこれから犯しますよと言いますか』と答えたんです。県民を侮

琉球新報
THE RYUKYU SHIMPO
2011年（平成23年） 11月29日 火曜日

「犯す前に言うか」
辺野古評価書 提出めぐり 田中防衛局長
懇談会で、反発必至
八重山教科書 県との協議 3教育長
改憲論議 見通せず

辱する発言じゃないかと。書かないといけないと思います」

私は「本当にそんなことを言ったのか。確かなのか」と2度問い掛けた。核心部分の記憶は鮮明で、内間記者の説明に揺らぎはなかった。

事実なら、沖縄県議会が全会一致で提出断念を求める決議をするなど、県内の反発が強かった評価書提出、普天間飛行場の辺野古移設を性的暴行にたとえた暴言であることは間違いない。沖縄県民を陵辱の対象とみなす許し難い発言であった。

オフレコを前提とした懇談であることを確認したうえで、私は「オフ懇でもこれは書こう。防衛局に当てて、記事にすると通告し、局長本人か少なくとも局としてのコメントを引き出せ」と指示した。

記者の感度の良さを踏まえつつ、怒りにまかせて記事化に踏み切るのではなく、オフレコ懇談の発言を報じる論拠を固めることを考えた。社に戻った内間記者からさらに詳しく懇談の様子を聞いた。

私は「犯す」なのか「侵す」なのかを何度も確認した。懇談で田中氏は、1995年の少女乱暴事件の際、当時のマッキー米太平洋軍司令官が「（容疑者の3米兵が）レンタカーを借りる金があれば、女を買えたのに」と発言し、更迭されていたことを自ら持ち出し、「その通りだ」と述べていた。性的暴行を念頭に置いた発言であることを補強する発言であり、田中氏の発言の真意は「犯す」で間違いないと判断した。

当時の玻名城泰山編集本部長、普久原均報道本部長と協議し、高い公共性、公益性があるとして報道に踏み切った。沖縄防衛局に記事化を通告すると、「出入り禁止もあり得る」と警告されたが、押し問答の末「発言は否定せざるを得ない」というコメントを盛り込んだ。

翌11月29日付朝刊1面トップの見出しは「犯す前に言うか　辺野古評価書めぐり　田中防衛局長　懇談会で、反発必至」だった。

琉球新報の田中局長発言の報道を受け、懇談に出席していた社もそうでない社も午前中の早い段階からホームページやニュースで暴言を報じた。

政府が沖縄から田中氏を防衛省に呼び付け、事態は更迭不可避へと急展開しているお昼前だった。旧知の小学校の校長から電話をもらった。

「1面トップに『犯す前に言うか』の大見出しはきつい。こんな紙面は子どもたちに読み聞かせできないじゃないか」。憤然とした語り口で、報じたこちらがしかられているような気になっていると、諭すような声音に変わった。

「これは沖縄の悲しい現実でもある。ウチナーンチュを愚弄するおぞましい官僚を許してはいけない。責任を取らせないと教育的にも良くない。子どもたちにも示しが付かない。しっかり首にするまで追及してほしい」

言わずにはいられないという思いが伝わってきた。校長先生の思いに、県民の怒りと悔しさ、政府への諦念が凝縮されていたように思う。

日米官僚の沖縄蔑視

基地問題をめぐり、沖縄をさげすむ発言は日米で繰り返されてきた。防衛局長の暴言の8カ月前2011年3月には、ケビン・メア国務省日本部長が「沖縄はゆすりの名人」と発言したことが報じられ、更迭されていた。メア氏や田中氏の発言には、沖縄は永遠に基地を抱え続ける宿命があり、力で押せば沖縄は屈するとみなす日米の防衛官僚の差別意識が色濃く息づいている。

日本新聞協会が1996年2月にまとめた見解に基づけば、メディアにはオフレコを守る信義則と国民の「知る権利」に応える道義的責任があると明記する一方、「乱用されてはならず、ニュースソース側に不当な選択権を与え、知る権利を制約する安易なオフレコ取材は厳に慎むべきだ」と釘を刺している。新聞労連の「新聞人の良心宣言」は「公人の『オフレコ発言』は、市民の知る権利が損なわれると判断される場合は認めない」と定めている。

沖縄防衛局長との非公式懇談に出席してきた者として、自戒を込めて言えば、「厳に慎むべき」安易なオフレコ取材が横行していることは否めない。本来は一対一で成り立つものであり、オフレコに値するかはケースバイケースで判断されるべきだ。過去の防衛局長のオフ懇では新事実が出た際、局長側に記事にすると通告し、1面などで報じた例が幾度もあった。

印象操作にたけた防衛省幹部が、オフレコであっても防衛省の利益に反する情報を漏らす例はほとんどない。さして重大でない情報を振りまくにとどめ、報道を制御する危うさが付きまとう。それは、「ニュースソース側に不当な選択権を与えた」乱用状態ではないか。

報道機関が得た情報は、本来読者のものであり、負託を受けたメディアが知る権利に応えるために預かっているはずである。

あの夜の暴言を報じず、デスクや記者限りの情報としてとどめていたならば、県民、読者に対する背信行為を働くことになってしまったように思う。

読者の反応はかつてないほどの反響の電話に表れた。2日間で編集局に100本を優に超える電話が寄せられ、9割超が「よく書いてくれた」「県民をばかにした許せない発言だ」などの評価と激励だった。県外の読者からも約20本の電話があり、半数は報道を支持してくれた。一方、オフレコ発言を報じたことを批判的に報じた在京紙の社説やコラムと同様な見解を示し、琉球新報を批判する声も半数あった。

陸自配備先報道が波紋

米軍基地の過重負担に苦しむ県民の目線で、その弊害を突く報道を展開する沖縄の新聞に対し、永田町・霞が関の政治家、官僚から「反基地をあおっている」「偏向」という批判が繰り出されるのは、今に始まったことではない。こうした沖縄県紙への見立ての延長線上で露骨な形で事実を伝える報道を牽制する動きがあった。

琉球新報は2014年2月23日付朝刊で、防衛省が陸上自衛隊の警備部隊の配備地として石垣市の2カ所を候補に挙げて最終調整していると報じた。これに対し、同省は翌24日付で「事実と異なる」として琉球新報に訂正を求める文書を送付した。一方、「日本新聞協会」にも文書を送付し「今後慎重かつ適切な報道を強く要望する」として、琉球新報を指導せよと促す異例の申し入れ文書を送った。

政府が沖縄県紙の基地報道に従来から不満を持っていたことを念頭に、識者は「取材者の萎縮を狙っている」「特定秘密保護法施行後の取材に影響を与える」と懸念を示した。

陸自の配備先候補地を報じた2月23日は石垣市長選挙の告示日だった。

自民党沖縄県連と同県連石垣支部が会見を開き、「まだ決まっていない」「市民に動揺が広がる」などと本紙報道に抗議した。自民党の動きと気脈を通じる形で防衛省は24日付で「事実と異なる」とする文書を郵送し、訂正を求めた。沖縄タイムスは25日付で「陸自配備　石垣に候補地」と報じた。

報道前日の22日までに、本紙東京報道部の記者が陸自警備部隊の配備先に関する動きを察知し、複数の政府関係者に裏付け取材を進めた。翌23日付紙面の内容を決める22日夕のデスク会議で「自衛隊基地のない石垣島への部隊配備の動きは市民にとって関心事だ」として掲載を決めた。

会議の中で記事は石垣市長選と関連付けるものではないことも確認している。記事に市長選の記述は一切なかった。防衛省の黒江哲郎大臣官房長名の訂正申し入れの中にも、市長選への言及はなかった。

一方、28日の記者会見で、小野寺五典防衛相は「間違った報道が地方の選挙に影響を及ぼすことは適当ではない」、菅義偉官房長官は「選挙の公正性に影響を及ぼしかねない」と記事と市長選を関連付けて、本紙報道を批判し、安倍政権による琉球新報への批判、申し入れを全国メディアが一斉に報じることとなった。

米軍普天間飛行場の県内移設に象徴されるように、沖縄の基地問題は政府の思惑通りには進展せず、政府・自民党内には、その要因として県内2紙の報道を挙げ、批判する空気が強い。防衛相、官房長官の会見での発言にも不満がうかがえた。

琉球新報の取材に対し、防衛省は報道機関への抗議や申し入れの基準や規約は「ない」と回答した。同省広報課によると、２０１２年度に2回、13年度に5回、報道機関に文書で申し入れている。新聞協会への申し入れは例がない。

琉球新報は3月1日付3面で、防衛省による申し入れを報じ、併せて「十分な取材に基づいた報道で、訂正の求めには応じられない」とする見解を掲載した。

琉球新報に圧力をかけるかのような安倍政権の動きをにらみながら、現場記者たちと認識を共有し、全編集局員に、臆することなく、普段通りの報道をしようと呼び掛けた。その概略は以下の通り。

今回の防衛省からの抗議や訂正申し入れは首相官邸が色濃く関与しているだろう。

沖縄2紙のうち琉球新報を先にターゲットにして、①基地関連報道の萎縮を狙った圧力を掛けてきた②特定秘密保護法の施行を前に、機微に触れる情報が記者にもたらされたため、内部を引き締めた③新聞協会にも申し入れたことで、政権が意図しない報道を威圧する意思を鮮明にした──。それが真相だろう。

私たちは、誰のために取材し、書くのか。もちろん、県民読者のためであり、沖縄の県民益実現のためだ。それが日本の国益にもかなうことが多分にある。記事を書いた担当記者は意気軒昂で、申し入れがあった日にも防衛省の中枢と飲み会に出る強心臓ぶりを発揮している。

記者には、ひるまず、臆せず、冷静に、今までの通りの報道をしよう。もし、出入り禁止などの不利益があれば、社としても徹底して抗う。防衛記者会の心ある社は、琉球新報の報道姿勢を後押ししている。

地を這うように事実に肉薄し、政権が隠したがる情報を紙面化していこう。これまで以上に沖縄に基地を押し付ける動きの裏面をえぐる取材を丹念かつ緻密に、ある時は大胆にこなし、報道の自由を守り抜こう。

防衛省による訂正要求や日本新聞協会への指導申し入れについて、在京紙や県内紙が報じた。防衛省の対応を批判する識者談話を掲載する新聞が多かったが、防衛省側の批判を前面に据えた社も一部あった。

朝日新聞は3月1日付朝刊で「防衛省　新聞協会に申入書／『琉球新報記事　事実に相違』」の見出しで報じた。併せて「行政の検討段階の情報を報じることは、市民の知る権利のために欠かせず、保障される必要がある」とする山田健太・専修大教授（言論法）の談話を掲載した。

沖縄タイムスは3月1日付紙面で、防衛省による琉球新報への申し入れを報じた。「自衛隊の動向は市民の自由や生命にも関わり、その過程は多少の誤差があっても社会に伝える義務がある」とする上智大の田島泰彦教授（メディア法）のコメントを掲載した。さらに田島教授は、新聞協会への申し入れを「新聞統制の役割を負わせようとする公権力の介入だ」と指摘した。沖縄タイムスはライバルである琉球新報への攻撃をわが事として受け止め、防衛省に批判的な紙面を展開していた。

3月13日、新聞協会で定例の編集委員会（加盟各社の報道責任者で構成）が開かれ、防衛省からの申し入れが報告された。高知新聞の中平雅彦編集局長（現地域読者局長）が口火を切り、「筋違いの申し入れではないか。抗議されたままでいいのか」と防衛省に回答することを提起した。他の委員からも「きちんと対応すべきだ」「記録として残すためにも回答すべきだ」などの意見が相次いだ。

新聞協会は同19日、「加盟各社の個々の報道について指導・監督する団体ではなく、申し入れを受け入れる立場にない」とする文書を同省宛てに郵送した。

中平編集局長は琉球新報の取材に対し「特定秘密保護法を考えると、申し入れは、権力による情報管理の流れと無縁ではない。われわれは公権力の動きに敏感であるべきで、きちんと対応する必要があると考えた」と語った。

地方紙の良識ある対応には大いに励まされた。

「沖縄2紙つぶせ」発言

「沖縄の（自民党の）先生方が戦っているのは（普天間飛行場の県内移設に反対する）沖縄のメディア。沖縄のメディアが行っていることが県民すべてを代表しているとは思わない」

小池百合子元防衛相が２０１３年3月26日の自民党国防部会でこう発言した。それに4カ月先立つ２０１２年12月の衆院選で、沖縄選出の同党議員が「県外移設」を公約して当選を果たした事実さえ忘れたかのような発言だった。沖縄メディアを敵視する発言には既視感を覚えた。

小池氏は沖縄担当大臣として2006年に那覇市内で講演した際にも「沖縄とアラブのマスコミは似ている。超理想主義で明確な反米と反イスラエルだ。それ以外（主張）は出てこない」と述べた。イラク戦争で犠牲になった住民側の目線での報道を貫いた中東メディアの雄・アルジャジーラを引きながら、沖縄メディア、特に2紙を批判していた。

いずれの発言も、沖縄の「反基地」世論に地元2紙の論調が大きく影響していると見なし、挑みかかるような言葉を繰り出したのだろう。

沖縄の米軍基地問題の最大懸案である普天間飛行場の返還・移設問題などをめぐり、沖縄と政府の隔たりが埋まらず、政府の思惑通りに事が進まないことへのいらだちが強まると、沖縄の新聞に矛先を向ける言説が振りまかれる。小池氏はその典型だった。

沖縄の新聞は県民世論を背にし、県民の視点に立ち、反米ではなく、反基地を主張しているのである。

そして、安倍晋三政権の下、沖縄の2紙の報道への露骨な攻撃が顕在化した。

2015年6月25日に自民党本部で開かれた若手国会議員らによる勉強会「文化芸術懇話会」の初会合で、講師として招かれた作家の百田尚樹氏が「沖縄の二つの新聞はつぶさないといけない」などと発言した。出席議員からは、当時審議中だった安全保障関連法案を批判する報道について「マスコミを懲らしめるには広告料収入をなくせばいい。文化人が経団連に働き掛けてほしい」などといった声が上がり、問題化した。

懇話会は党青年局長の木原稔衆院議員が代表で、憲法改正を推進する会合だった。官房副長官だった加藤勝信氏（現一億総活躍担当相）や党総裁特別補佐を務めていた萩生田光一氏（現官房副長官）も参加した。安倍チルドレンと呼ばれる当選回数の少ない議員に加え、安倍首相に近い政権中枢も顔を出した会合だった。

琉球新報
THE RYUKYU SHIMPO
第38235号
2015年（平成27年）6月27日土曜日
きょうの紙面
3 土砂条例案、参考人が評価
5 USJ 県に進出支援要請へ
9 仏、中東でテロ相次ぐ
11 東京新聞「こちら特報部」
告別式の案内 15

自民 県内2紙に圧力

長尾氏「左翼に乗っ取られている」
大西氏「収入なくして懲らしめる」

党勉強会で発言相次ぐ

普天間近隣住民に百田氏「商売のため基地の周りに」

報道圧力に批判
首相釈明 安保法案審議

言論の弾圧許さず
琉球新報 沖縄タイムス 共同抗議声明

長尾敬衆院議員が沖縄2紙について「左翼勢力に乗っ取られてしまっている」「タイムスと新報の牙城の中で沖縄世論のゆがみ方がある」「沖縄の特殊なメディア構造をつくってしまったのは戦後保守の堕落だった」などと発言。この発言を受ける形で百田氏が「つぶさなあかん」と発言していた。

百田氏は「もともと普天間基地は田んぼの中にあった。基地の周りに行けば商売になるということで周りに人が住みだした」など、戦後の基地の成り立ちに関する完全な事実誤認に基づく発言をいくつも繰り出した。

勉強会ではこのほか、大西英男衆院議員が「マスコミを懲らしめるには広告料収入がなくなることが一番だ」と発言。井上貴博衆院議員が「番組ワースト10とかを発表して、それに（広告を）出している企業を列挙すればいい」などと述べていた。

これに対し、琉球新報の潮平芳和編集局長と沖縄タイムスの武富和彦編集局長は6月26日に連名で抗議声明を発表した。

声明は「政権の意に沿わない報道は許さないという

〝言論弾圧〟の発想そのものであり、民主主義の根幹である表現の自由、報道の自由を否定する暴論にほかならない」と指摘。そのうえで「政府に批判的な報道は、権力監視の役割を担うメディアにとって当然であり、批判的な報道ができる社会こそが健全だ。にもかかわらず、批判的だからつぶすという短絡的な発想は極めて危険であり、沖縄の二つの新聞に限らず、いずれ全国のメディアに向けられる恐れのある危険極まりないものだと思う。琉球新報、沖縄タイムスは、今後も言論の自由、表現の自由を弾圧するかのような動きには断固として反対する」と決意を示した。

百田氏の「普天間基地は田んぼの中にあった…」という発言は、ネット上で飛び交う沖縄の基地問題への誤解の最たるものだ。

戦前の宜野湾村役場があった場所は現在の滑走路付近だ。周辺には国民学校や郵便局、旅館、雑貨店が並んでいた。さらに言えば琉球王国時代の宜野湾間切の番所（村役場に相当）もここだ。有史以来の地域の中心地なのである。

沖縄戦のさなか、米軍が地元住民を収容所に閉じ込めている間に建設を強行した基地だ。民間地強奪を禁じたハーグ陸戦条約違反だが、戦後も居座った。土地を奪われた住民が古里の近くに住むことを金目当てであるかのごとく言うのは、誹謗中傷に等しい。

しかも、沖縄の施政権返還までは落下傘降下訓練が主で、今のような運用ではなかった。1974年に滑走路が整備され、76年に岩国基地から海兵航空団が移駐してきて今のような運用になったのだ。1962年には既に市制に移行し、75年に人口は5万人を超えていた。市街地に航空団の方がやってきたのである。

この情報は宜野湾市のホームページにある。少し調べれば分かる話である。それすらせずに虚像を拡散させた作家としての責任も重いだろう。軍用地主が「みんな大金持ち」というのも大間違いの一つである。

ブロック・地方紙の反撃

報道の自由を軽んじる露骨な圧力に対する反発は、全国の地方紙、ブロック紙に瞬く間に広がった。

中日新聞は、沖縄2紙の編集局長による抗議声明全文を1面トップで報じた。

「報道圧力を憂える　読者と国民を愚民視」とする論考を1面に据えたのは河北新報だ。鈴木泰雄編集局長が筆を執り、「地方紙が県民の声を代弁して編集に当たることはむしろ当然の任で、これに掣肘（せいちゅう）を加えるがごとき言動は異論封じ以外の何ものでもない。（中略）そしてこれが最も大事なことだが、読者の信頼を失えば権力者がわざわざくちばしを入れずとも、新聞が自戒の道を歩むことになるのは自明の理だ。どんな事態か。権勢を振るう者に不都合な真実に目をつぶり、広告料欲しさにへつらう。勉強会の面々が理想とする、そんな新聞の姿だ。誰が読んでくれよう。読者と国民を愚民視したという点でも、一連の報道圧力発言は根深い問題をはらんでいる」と論じた。

山形新聞は6月30日付1面で「言論封殺の暴挙許すな」との見出しで、寒河江浩二主筆・社長名の緊急声明を掲載した。圧力をかけ言論を封じる動きを「誠に遺憾であり、残念なこと」とし、沖縄2紙だけの問題ではなく「言論の自由、報道の自由、そして新聞の独立という民主主義の根幹にかかわる問題」と指摘し「（山形）県民にその是非を問いたい」と訴えた。

神奈川新聞は「沖縄を捨て石にした差別意識がなお息づくのをみることができる。自らはこらしめ、つぶす側に立っているというおごりが生んだ発言」などと批判した27日付社説を26日の夕方にホームページ上で公開する異例の対応を取った。同紙は「普通ではないことが起こっていることを示すため」と理由を説明した。

新聞や通信、放送130社で構成する日本新聞協会は、編集委員会が「極めて深刻な問題」とする抗議声明を発表し、この中で「特に政権与党の所属議員でありながら、憲法21条で保障された表現の自由をないがしろにした発言は、報道の自由を否定しかねないもので到底看過できない」と危機感を表明した。

新聞、通信、放送136社が加盟する日本記者クラブも声明を発表。「自分たちの主張に沿わない報道は圧力をかけ規制するという政治家の考え方は、民主主義の根幹であり、憲法で保障された言論の自由と表現の自由を脅かす」とした。日本外国特派員協会も「与党および政府が『報道の自由』に影響や制約を及ぼす、あるいは及ぼすであろう、一切の行為を控えるよう強く求める」との会長声明を発表した。

「つぶされないでよ」の激励

私事で恐縮だが、報道圧力問題に対する沖縄2紙の編集局長の抗議声明が報じられた日、私は特別評論「百田氏発言と報道姿勢／県民と共に使命貫く」を書いた。

1週間後の7月4日の昼、夏の高校野球県大会の1回戦があり、息子が巣立った高校野球部の応援に出かけた。

「松元さん、つぶされないでよ」「特別評論、読んだよ」。

那覇市内の野球場に保護者会のTシャツを着けて出向いたところ、少年野球の保護者会やPTAで顔なじみの人たちが次から次へと私の元にやってきて、「新報、応援するから、生き残ってよ」「2紙をつぶすというのは、沖縄の民意をつぶせと同じ意味だ」「絶対、ヌガーラサン（逃さない、許さないの意）」などと声をかけてくれた。

自民党員の自営業の社長や旧知の自衛隊員も声をかけてくれた。こちらが気圧されるほど、怒っている人もいた。声をかけてくれた方は50人を下らず、沖縄の県紙への攻撃をこれほど気に懸けてくれたことに深い感慨が湧いた。

沖縄では戦後、約10の新聞が誕生した。支配者である米軍の側に立つ新聞もあったが、今まで生き残ったのが琉球新報と沖縄タイムスの2紙である。米軍の専横的な支配の下、銃剣とブルドーザーによる土地の強制接収や、事件・事故に怒る住民に後押しされることで、権力に歯向かう健全性を宿していった。平和憲法と共に言論の自由が保障された本土と異なり、ウチナーンチュと新聞が一緒になって一歩ずつ、人として平穏に生きる権利を勝ち取ってきたのである。

『アメリカ占領時代・沖縄言論統制史』などの著者がある門奈春樹氏（立教大名誉教授）は「沖縄の2紙が生き残ったのは、米軍統治下、その後も続く人権抑圧と闘い、権力に迎合せずに民衆に寄り添う姿勢を示してきたからだ。沖縄2紙は言論の自由を自ら勝ち取らねばならなかった。そこに強さがある。2紙は日本のジャーナリズムが失いかけた権力をチェックする機能を補完する存在になっている」と分析する。

果たして沖縄以外の都道府県の新聞に「つぶさなあかん」という言葉の牙がむかれるだろうか。発言の底には沖縄をさげすみ、永遠に基地を抱える宿命の地と決め付ける差別が透けて見える。

それは、沖縄の反基地感情に対して「沖縄はゆすりの名人」と発言したり、辺野古新基地の手続きをめぐり「犯す前に『これから犯しますよ』と言いますか」という暴言を吐いたりした日米の官僚と通じるものがある。百田発言と自民党議員の暴言を機に県民はこの本質を鋭く見抜いた。

ここ数年、安倍政権に異を唱えるメディアを異端扱いし、排除しようとする空気が強まっている。公然と放送局に圧力を懸ける動きもかつてなかったことだろう。

報道の自由を押しつぶせという動きが露骨な形で表面化した報道圧力問題は、沖縄県民の尊厳を傷つける政治的事件に発展した。

自民党は4人の議員を処分したが、安倍首相と共著を出すほど親密な人気作家が言論封殺と県民への侮辱を帯びた基地形成の虚構をはやし立て、多くの議員が同調した事実は消せない。沖縄の苦難の戦後史への無知と無責任、報道・表現の自由を軽んじる傲慢で危険な思考回路がくっきりと照らし出され、歴史に刻まれたのである。

身内限りの会合でのあけすけな発言だからこそ、批判を許さない安倍政権と巨大与党の狭量と独善が際立つ。それが民主主義を壊し、為政者が一つの危うい色に国を塗り込める全体主義に行き着くことは歴史が証明していよう。戦争に導きかねない言論封殺の危険な動きが目の前に立ち現れた意味合いを帯びている。

大戦中に1紙に統合された沖縄の新聞も軍部の意を受けた報道を続け、多くの県民を犠牲に追いやった。軍に加担した痛恨事を忘れてはならない。戦後の新聞の原点はここにある。

悲惨な沖縄戦を踏まえ、「戦争につながる報道は絶対にしない」という私たちの報道姿勢の延長線に基地報道の軸足がある。県民の苦痛に寄り添い、基地の弊害を突かねばならない。

問題になった会合もそうだが、自民党内には沖縄の新聞が政権批判に凝り固まっているとみなし、「2紙が県民をマインドコントロールしている」という声も聞こえる。それは沖縄県民には判断能力がないと侮辱しているに等しい暴論だ。

そんなおごり高ぶった意識で新聞を作っていたならば、沖縄の新聞はとっくに県民の意思で葬り去られていただろう。沖縄の新聞論にすり替えて、民主主義の手だてを尽くして新基地建設に抵抗する沖縄の民意を矮小化する意図がある。それを許してはならない。

民意が反映されない不条理が深まる基地の島で、県民の声を支えとし、人権と生活を守るための報道が「偏向」と見なされることを恐れれば、沖縄に屈従を強いる国家に迎合する報道に成り下がりかねない。

「駄目なものは駄目だ」とはね返す使命を果たすためにも、理不尽な圧力に立ち向かい、「懲らしめ」ようとする側の対極に立ち続けたい。

（まつもと　つよし・琉球新報編集局次長兼報道本部長、論説委員）

10

安保法案国会審議 テレビ11ニュースはどう伝えたか 2015年5月11日〜9月27日

放送を語る会

2015年9月19日未明、安倍政権は安全保障関連法案を強行成立させた。法案は、集団的自衛権行使容認の閣議決定に基づいて、自衛隊の海外での武力行使に大きく道を開き、日本国憲法下の戦後政治の大転換をもたらすものであった。

法案が閣議決定された5月から9月27日の国会会期の終了まで、5か月にわたる国会審議をめぐって、法案自体の批判、検証の必要性はもとより、立憲主義、国民主権の侵害、破壊、といった問題も提起され、同時に国民各層に拡大した反対運動もまた、60年安保闘争に比肩する規模と評価された。

激動と言ってよい政治過程で、問われた問題は多岐にわたる。このような重大な歴史的時期に、報道機関はどうあるべきだったか、とりわけ影響力の強いとされるテレビニュースが、どのようにこの政治過程を報じたかは、どうしても記録し、検証する必要があった。

本報告は、放送を語る会が5月から9月まで、ＮＨＫと民放キー局の代表的なニュース番組をモニターした結果をまとめたものである。

当会は、この活動を通じ、報道機関がジャーナリズムの本道に従って権力を監視する姿勢を貫くことができたか、また、市民の政治的判断に資する多様で多角的な情報や意見、見解を提供し得たのか、番組を視聴し、記録した内容を通して考察することを試みた。

対象としたニュース番組は次の６番組である。

ＮＨＫ「ニュース７」

ＮＨＫ「ニュースウオッチ９」

日本テレビ「ＮＥＷＳ　ＺＥＲＯ」

テレビ朝日「報道ステーション」

ＴＢＳ「ＮＥＷＳ23」

フジテレビ「みんなのニュース」

放送を語る会のモニター活動は、２００３年のイラク戦争の報道モニターから数えて、今回で17回目となる。これまで原発災害、衆参の国政選挙、ＴＰＰ、秘密保護法、集団的自衛権閣議決定などの重要な国政の動きがあるたびに、テレビ番組のモニターを実施してきたが、今回はかつてなく長期のモニター活動となった。

記録した放送回数は対象番組合計およそ３９０回分、担当メンバーからの報告はＡ４で合計９５０ページを超えた。その大量の記録から、次のような項目に従って整理し、報告したい。

１．国会審議期間中の対象ニュース番組全体の傾向

2．ニュース番組は法案の問題点や政府・与党の動きにどう向き合ったか
3．法案に関連する重要事項について、独自の取材による調査報道はあったか
4．市民の反対運動が、その規模に応じて適切に紹介されていたか。また、識者の法案に対する言論などがきちんと伝えられていたか
5．今後、「安保法制下」のニュースに望むこと

なお、長期にわたるモニター活動となったため、国会が延長される前の6月24日までの放送分についての報告は、「安保法案の国会審議・テレビはどう伝えたか――中間報告・5月11日――6月24日」として8月19日に発表した（当会ホームページに掲載）。

本報告は、この「中間報告」の時期も視野に入れた全体にわたるものであるが、力点を延長国会以降の時期においている。そのため6月24日以前のモニター内容の詳細はこの中間報告を参照していただきたい。

モニターの方法は、それぞれの番組に1名から3名までの担当者を決め、放送日ごとに安保法案関連ニュースの内容と担当者のコメントの報告を求めるというものである。その記録はメンバー全体で共有し、検討して最終報告書を作成した。これはこれまでの当会のモニター方法と変わりはない。

国会審議期間中の対象ニュース番組全体の傾向
――NHKニュースの「政府広報化」の進行、「報道ステーション」「NEWS23」に見られた批判的姿勢――

5か月間の番組チェックを通して浮かび上がってきた最大の問題は、NHK政治報道の政府寄りの偏向である。今回の安保法案報道において、それは、「政府広報」と批判されてもやむを得ない域に達していた。

期間中の8月25日、たまりかねた市民が1000人規模でNHK放送センターを取り巻いて、「怒りのNHK包囲行動」と題する集会を開催し、「政権べったりの報道をやめろ」と抗議の声をあげた。また、11月7日には、「怒りのNHK包囲行動第2弾」が敢行された。東京では放送センター西口での集会のあと、渋谷の繁華街で「アベチャンネルはゴメンだ」といったプラカードを掲げてデモが行われ、注目された。このほか全国11か所で、地域の放送局前での抗議集会、スタンディングアピール、ビラ入れの行動が展開された。

こうした市民のNHKに対する直接の抗議行動はNHK史上例のないものである。市民の怒りの行動は、この間のNHKの安保法案報道がどのようなものであったかを端的に示している。行動は十分に理由のあるものだった。政府からの独立が建て前の公共的放送機関として、その存立にかかわる危機的な状況と言える。

特定の一日だけに限定してみれば、NHKニュースには、さまざまな取材内容が客観的な装いで並べられ、とくに問題がないかに見える。しかし、長期にわたって他局の番組や新聞報道と比較してみたときに、その政府広報的な報道姿勢はあきらかである。本報告では各項でこの点を実証的にたどってみることにする。

一方、民放ニュースの中では、テレビ朝日「報道ステーション」、TBS「NEWS23」が、政権を監視するジャーナリズムのスタンスで批判的な報道を展開していた。

NHK「ニュース7」「ニュースウオッチ9」とこの民放2番組との違いは、過去のモニター報告書の中で何回も指摘してきたが、安保法案報道ではその傾向がさらに顕著となった。

このほか、フジテレビ「みんなのニュース」は、安倍首相・政権寄りの姿勢が目立った。特に7月20日には、安倍首相を単独・生出演させ、1時間半もかけて安保法案の必要性を述べさせた。この席には法案に批判的な研究者、ジャーナリストなどのゲストは招かず、与党寄りの新聞社の解説委員や、自社の報道局幹部などを出席させ、安倍氏には彼自身の持論に基づく火事場のイラストを使って、米軍との共同行動に基づく〝戸締り〟必要論などを説明させた。

「みんなのニュース」は全体を通して法案推進の宣伝役という印象が強いニュース番組であった。

日本テレビ「NEWS　ZERO」は、関連報道の時間量が毎回少なく、ニュースのオーダー（報道順）でもかなり後に置かれることが多かった。通常夜11時からの番組で、安保関連ニュースの放送オーダーは40分以降が14回、10分台が11回、その他が5回、という状態であり、放送時間量も1分以内が5回、2分以内が9回で、重要項目としての扱いではなかった。こうしたことから、前半の報道では安保法案重視の姿勢がそれほど感じられなかった。

しかし、9月の最終盤では、一定の時間をかけ、強行採決への批判的な立場を強めた。村尾信尚キャスターは、法案が対米従属の法律であると指摘し、法案のしわ寄せは自衛隊員に来ることを独自取材で明らかにするなど、法案への疑問を提示した。

「NEWS　ZERO」は、前半と最終盤の印象がかなり違うのが特徴であった。

以下、「ニュース7」、「ニュースウオッチ9」と、「報道ステーション」「NEWS23」に限定して、それぞれの全体的な特徴にふれておきたい。

1　NHK「ニュースウオッチ9」

前記「中間報告」では、延長国会前のNHKの報道姿勢について、その特徴を次のように指摘した。

「ひと言で言えば、政権側の主張や見解をできるだけ効果的に伝え、政権への批判を招くような事実や、批判の言論、市民の反対運動などは極力報じない、という際立った姿勢である。法案の解説にあたっても、問題点や欠陥には踏み込まず、あくまでその内容を伝えることに終始している。また、法案に関連する調査報道は皆無に近い」

この傾向は、終盤9月に至るまで変わらず続いた。以下、各項目で改めて報告するが、ここでは放送全体にかかわる特徴をあげておきたい。

政権にとってマイナスになるような出来事や審議内容を極力伝えない傾向

本報告末尾の【付表1】を見ていただきたい。

これは、「報道ステーション」と「NEWS23」で報じられた内容で、「ニュースウオッチ9」が報じなかった事項の代表的な事例を一覧にしたものである。

民放2番組がわが国のテレビニュースのスタンダードだという趣旨で作成した表ではない。しかし、こうした比較をするだけで「ニュースウオッチ9」がいかに重要な問題をネグレクトしているかがわかる。

報じなかった事項の代表例としては、「ポツダム宣言を詳らかに読んでいない」とする安倍答弁、日本に対して攻撃の意思のない国に対しても攻撃する可能性を排除しないとする中谷大臣の答弁、「イスラム国」に対する軍事行動での後方支援も可能との中谷大臣の答弁、戦闘中の米軍ヘリへ給油する「後方支援」が戦争参加ではないかとする共産党小池副委員長の追及、また、「後方支援で」核ミサイルも毒ガスも法文上運搬可能、だという中谷大臣の答弁、などがある。

このような重要な項目が放送されなかった、という事実は重いものがある。NHKニュースだけを見ている視聴者には、〝なかったこと〟になるからである。

もうひとつ注目すべき事例としてNHKが独自に行ったアンケートの問題がある。

ＮＨＫは6月に、日本で最も多くの憲法学者が参加する日本公法学会の会員、元会員に、安保法案について大がかりなアンケート調査を実施した。ところがその結果がいつまでたっても公表されなかった。このアンケートの締め切りは7月3日で、普通に集計すれば衆院採決前に結果の発表ができたはずであった。ところが、その結果は、衆院で法案が可決されたあと、ようやく7月23日の「クローズアップ現代」の中で2分程度で伝えられた。それによると、アンケートは１１４６人に送付され、４２２人が回答した。内訳は「違憲、違憲の疑い」が３７７人で約90パーセント、「合憲」とする意見が28人だった。

圧倒的に「違憲」の回答が多い。普通ならこの結果自体が「ニュース」であって、それをもとに企画ニュースが組まれてもいいものである。しかも衆院採決前に発表してこそ意味があった。

人員と予算を投入したこのアンケートを「クローズアップ現代」の1コーナー2分で紹介して終わりにするなど考えられないことである。実施担当者がそれを目指したことはあり得ない。結果が政権には明らかに不利であり、局内で発表にストップがかかった疑いが強い。

ちなみに「報道ステーション」は同様のアンケートを行い、憲法学者１４９人中「合憲」としたのがわずか3人だったという結果を報告し、かなりの時間量でこの結果について特集を組んでいる（6月15日）。

「政府広報」という印象はどこから生まれるか――問題はらむ記者解説――

「ニュースウオッチ9」での政治部記者の解説は、政府・与党の方針・主張・思惑の説明が大半を占め、批判的な指摘はほとんど見当たらない。ＮＨＫニュースが「政権寄り」と批判される主要な要因の一つがこうした記者解説であろう。

7月16日、衆院本会議可決後の政治部長解説では、衆院審議を「与野党の議論が噛み合わなかった」と論評、その原因を「合憲か違憲か根本的立場が違うので歩み寄りようがなかった」とした。しかし、この解説には、野党の質問に誠実に答える姿勢が安倍首相になく、はぐらかしや官僚のメモの棒読み答弁を重ねたことが「議論が噛み合わなかった」原因ではないか、という批判的視点は含まれていない。

また、数を頼んで成立させようとする政府・与党の強権的な姿勢に対しても批判的視点が感じられなかった。記者自身が批判することが難しいとしても、多くの識者、言論人の声を取り入れて、この強行採決の問題を掘り下げることもできたはずである。しかし、そのような工夫はみられなかった。

9月11日、参院特別委審議の大詰めを迎えた政治部記者解説は、「国民の法案への反対意見が根強くあることを意識してか、安倍総理や閣僚の答弁からは、懸念を払拭しようとする姿勢が随所に見られた」と政府の答弁を評価している。

ここには、「懸念を払拭しようとする姿勢」とはうらはらに、邦人輸送の米艦防護や、ホルムズ海峡の機雷掃海の必要性について、首相の答弁が矛盾し、あいまいな答弁に終始したことへの言及はなかった。

9月18日、参院本会議を控えての政治部長解説では、「今の流れのなかで今回の法案は、どんな意味を持つか？」というキャスターの問いに、「集団的自衛権行使容認は画期的で戦後安全保障政策の大きな転換」「自衛隊の海外活動の内容・範囲が拡がり、日米の防衛協力も拡充される」と、政府見解に近い法案の評価が語られている。

この解説には、アメリカの戦争に巻き込まれる危険、海外での武力行使、高まる自衛隊員のリスクなど、人々の不安や反対の声のみならず、憲法を視野に入れたコメントもなかった。

政府・与党の主張に傾斜——国会審議の伝え方——

「政府広報」との印象を持たれる理由のもう一つは、国会審議の伝え方にあると考えられる。「ニュースウオッチ9」では、「報道ステーション」や「NEWS23」に比べて国会審議の紹介に充てられる時間が短い傾向がある。その時間内で、与野党の質問、首相、あるいは防衛大臣の答弁、という一問一答の編集スタイルが支配的だった。

このスタイルでは、審議の紹介は必ず首相や防衛大臣の答弁で終わる形になり、政府答弁の印象が強く残る結果になる。

「報道ステーション」では、ある重要な問題を明らかにするため、同じ質問者での一連の質疑が時間を取って紹介されることがしばしばあった。この編集では、答弁の矛盾や不備、法案の問題点が浮かび上がることになる。

ところが「ニュースウオッチ9」では、与党質問2人、野党質問3人、それに必ず安倍首相答弁を付けるスタイルがほぼ定型化していた。各質問への安倍答弁が5回、大まかな時間的比率は政府・与党主張7対野党主張3となる。

こういう編集では、相対的に政府・与党の主張の割合が大きくならざるを得ない。この日の国会審議で、何が重要な問題なのかという視点で、審議内容を選択し、重点的に伝える、という姿勢は全体を通じて極めて乏しかった。

典型的なデータを挙げてみる。

7月15日、衆院特別委での強行採決の日、質疑は与党質問2、野党質問3を取り上げたが、相変わらずどの質問にも安倍答弁が付されている。配分された時間を計算すると、政府・与党の見解・主張162秒（自＋公議員の質問40秒＋安倍答弁5回122秒）vs野党質問40秒（民主＋維新＋共産）で、比率は4対1となる。

8月21日、例によって与党2（自民・公明）野党3（民主・共産・維新）の質問に、どれも安倍答弁がある。自民・公明の質問に対する二つの安倍答弁は、「日本が危険にさらされたとき日米同盟は完全に機能する。この事を世界に発信することで紛争を未然に防ぐ力が高まり、日本が攻撃受ける可能性は一層低くなる。国民の命と平和な暮らしを守る法制、今後もわかりやすく丁寧に説明したい」というもので、こうしたメッセージがこの期間中繰り返し伝えられる結果となった。

政府・与党の主張の重視の象徴的な表れとして記憶されるのは、8月14日、戦後70年談話を受けて安倍首相をスタジオに招いてその主張を聞いたことである。その中11分ほどが、安全保障関連法案に関する内容だった。キャスターは、「なぜ成立を急ぐのか」「憲法との整合性をどう説明するのか」「戦争に巻き込まれないか」など、それなりに人々の不安や疑問を代弁した質問をぶつけている。しかし安倍首相は相変わらず質問にまともに答えず、一方通行の独演会に終始した。キャスターも質問の二の矢は放たず、ご意見拝聴に終わった感があった。

2　NHK「ニュース7」

「ニュース7」は、各局ニュース番組の中で、最も高い視聴率を獲得している。

非常によく見られ、影響力が大きい。ただこの番組は、「ニュースウオッチ9」の半分の時間量で、キャスターが用意されたニュース原稿を読む、という基本的な性格を持っている。そのため独自のコメントや時間をとった企画などが入りにくいという事情はある。

しかし、そのことを勘案しても、この番組は「ニュースウオッチ9」と同じ傾向を持ち、批判精神を欠くという指摘は避けられない。その事例をいくつか示したい。

6月25日、自民党の「勉強会」の中で、批判的なメディアを「懲らしめる」発言が伝えられ大問題となった。「ニュース7」は、「――と述べた」「――と陳謝した」と伝えるだけで、ニュース番組としてこれをどう見たか、どう考えたかをせめて言外にでも伝えるという姿勢が見えなかった。報道に従事する者としては身に迫る圧力であるのに、そのような危機感は感じられなかった。

ちなみに、新聞も民放のニュースでも、この事件を、「圧力」「威圧」といった用語を用いて表現し、抗議のニュアンスをにじませたが、NHKは「ニュースウオッチ9」も含めこのような用語は使っていない。

また、安保法制ニュースのコーナーが、一方的に政権与党の主張を伝える場になった例があったことも見逃せない。

8月9日の放送では、自民党高村副総裁が、講演会で安保関連法案審議における民主党の質問を批判したことを報じた。「非核3原則を持った日本が核弾頭を米国のために運ぶことはあり得ないのは日本人の常識。あまりあり得ない無意味な議論をして不安を掻き立てるのは止めにしてもらいたい」という発言である。わざわざ単独でこの発言を取り上げた理由はなんだったのか、なぜ、民主党の反論を取材しなかったのかなど疑問が残る。

また国会周辺で、これまで最大の安保法制反対の集会が開かれた日の「ニュース7」（8月30日）は、5分12秒間の安保報道の最後を、自民党谷垣幹事長の「戦争法案、徴兵制をやる法案というのは、ためにする誹謗中傷だ。何としてもこの国会で解決し、次に進まなければならない」という談話で締めくくっている。

このほか、「ニュース7」のキャスターのコメントでは、政権のメッセージ〝今国会での法案成立〟というフレーズが再三にわたり使われている。

「安倍総理は安保法案をめぐって野党が対案を国会に提出したことを評価したうえで、決める時は決めると述べ今の国会での成立に重ねて意欲を示した」（7月11日）

「今日の論戦では、PKO活動の拡大や、自衛隊の安全確保の問題が取り上げられた。今後の審議に関連し〝議論が熟した時は採決を〟と述べ、今の国会で法案の成立を期す考えを重ねて強調した」（8月25日）

「安倍総理は今日夕方、自民党の役員会で〝今の国会も残り1カ月を切ったがこの国会で成立させるべく、最後まで政府・与党が緊張感を持って取り組んでいきたい〟と述べ、今の国会で成立に向けて改めて決意を示した」（8月31日）

「衆院特別委員会で安倍総理大臣は〝今国会で法案成立させる〟の考えを重ねて示した」（9月14日）

その他にも8月19日には「中谷防衛大臣は参議院特別委員会で、安保法案は〝国際テロ対処で自衛隊貢献の幅を広げる〟として法案の必要性を強調した」などとコメント、8月21日の放送では、防衛省の統合幕僚監部が法案成立を前提に自衛隊の対応を記した文章を作成していたことを共産党の小池議員が暴露した問題について、「安倍総理大臣は今後具体化していく検討課題を整理するため、必要な分析や研究など行うことは当然だとして、問題なしとの認識を示した」などと政権の代弁とも取れるコメントをしている。

記者解説も「ニュースウオッチ9」と同様の傾向がみられた。9月17日、参院特別委員会の強行採決の解説は次のような内容だった。

キャスターの「混乱した委員会での採決、なぜこんな事態になったか」の問いに対して、政治部記者の解説は「野党側が徹底して採決に反対したから。国会周辺ではデモや集会が連日行われていて、民主党などは、世論と連携しあらゆる手段で採決を阻止したいとしてきた。鴻池委員長の不信任動議の採決でも野党側は法案の採決を遅らせたいとして趣旨説明や討論で40分以上演説する議員もいた。与党側は昨日の夕方に委員会採決をしたいとしていたが野党の強い反対でスケジュールが遅れて、昨日は委員会の開催もできなかった。本会議でも野党の強い反対を予想すれば、連休前の今日の採決は譲れなかった」

この解説はどう聞いても混乱の責任は野党にあると主張するに等しい。政権の非民主的な議会運営で強行採決したことについては何の批判、疑問も呈していない。

以上は象徴的な例であり、そのほか同様の例は少なくない。こと安保法制報道に限り、「ニュース7」は現政権、現権力に有利な主張を伝え、結果的に世論を誘導することに貢献したと言えるのではないか。

3 テレビ朝日「報道ステーション」

「報道ステーション」の安保法案報道は、一貫して批判的報道を貫き、政権をウオッチするジャーナリズムの精神が保持されていたとみることができる。

とくに、憲法学者木村草太、政治学者中島岳志、朝日新聞論説副主幹の立野純二という3人のレギュラーコメンテーターのコメントは、毎回、事態の動きと政権に対する鋭い批判を含んでいた。

この3人の批判的コメントが連日のように放送されたことは、今回のテレビ報道ではきわめて注目すべき現象だと言ってよい。

批判的コメンテーターの採用は、「報道ステーション」を特徴づけるものなので、典型的なコメントの例を挙げておく。

ドイツ軍のアフガニスタンでの後方支援のレポートのあと、木村草太氏のコメント。

木村「ドイツには法律だけでなく、憲法にもきちんと武力行使について議会が関与することが書かれているが、日本は憲法がそもそもそういうことを想定していないので、全く憲法上書いてない。今のままやってしま

うと、どんなに緩い手続きでやっても憲法で止めることができない、非常に危険な状態と思う」（7月20日）

強行採決が迫っている段階での中島岳志氏のコメント。

中島「私たちは今4つの〝崩壊〟に出会っている（説明部分は略）。一つは憲法の崩壊、政策論が憲法に優越してしまう、憲法の空洞化。二点目に国会の崩壊、問題の違うあり方を検討して行くことが全く無視されるという議論の崩壊がある。三つ目に連立与党の崩壊、公明党とは何なのか、公明党が与党の中でどんな役割を果たしているのか、見えづらい。四つ目に保守政治が崩壊、今回のように急進的で一気に物事を変えていく、その政治姿勢こそ保守が批判してきたあり方ではないか」（9月16日）

参院特別委で強行採決されたのを受けての立野純二氏のコメント。

立野「安倍政権が否定したのは平和主義にとどまらず、主権在民という大きな原則もないがしろにした。国会の外、全国で多くの方々が街頭に出ている。その最大のアピールは、主権者はいったい誰なんだ、というアピールだと思う。

上から決める政治なのか、国民本位の政治なのか、国会の外と内とでぶつかり合っているのはその二つの価値観ではないか」（9月17日）

3人のコメントを記録したが、注意深く聴くと、いずれのコメントも「安保法案反対」とは言っていない。あくまで憲法と民主制の維持の立場からのリベラルな批判であり、そのため説得力があった。

この番組のモニター担当者は、こうしたコメンテーターが常連として登場していたことは、最近の政権のメディアへの圧力の強まりのなかで、奇跡的なことではないか、と報告している。番組を詳細に記録してきた担当者の感想はうなずけるものがある。

このほか　後述するように、「報道ステーション」は、法案の問題点を、国会審議と独自の調査報道でできるだけ明らかにしようとしていた。また市民の抗議行動の紹介にもかなり長い時間量を割いている。その点を総合的にみて冒頭の評価となった。

4　TBS「NEWS23」

「NEWS23」は、終始一貫して「安保関連法案」批判の姿勢を貫いていた。これはこの番組の大きな特徴、個性といえる。

その批判的な姿勢は、主としてアンカーの岸井成格氏のコメントに顕著に表れていた。

岸井氏は安保法案について、この期間、再三にわたりつぎのような意見を表明している。

「……安全保障関連法案の狙いは、米軍が関わる紛争地にいつでもどこへでも自衛隊を派遣できるようにすること。その道を拓くための法案だ。したがって、この法案は国家の在り方を根本的に変えてしまうものである。しかし、この法案が違憲であるとの声は日増しに大きくなってきている。それを数の力だけで強引に通そうとするのは、立憲主義国家の否定であり、独裁政治の始まりである……」

この原則的な認識に基づいて、番組は、安保法案の問題点を大きく分けて三つの手法によって告発し続けた。一つは、アンカーである岸井氏が、上記のように番組内で直接訴え続けたこと。二つには、国会審議を通じて見えてくる法案の矛盾点を丁寧に紹介したこと。三つ目は、独自取材によって、法案の持つ真意や危険性を明らかにしたことである。これによって、安保関連法案の狙いや、問題点を明らかにする努力がみられた。

また、安保法案に関わる重要な事実、世界の動向について、数多くの独自取材、調査が行われたこともまたこの番組の特徴となっている。

とくに、番組内のシリーズ企画「変わりゆく国×安保法制」が注目に値する。この企画コーナーは、9月22日までに40回放送された。海外取材も含めたドキュメントあり、ある特定の人のインタビューあり、内容はさまざまだが、この番組独自の方法で、安保法制問題に迫った。その代表例は独自取材の項で報告する。

ニュース番組は法案の問題点や政府・与党の動きにどう向き合ったか

この間のテレビニュースには、法案がどのような内容であり、またどのような問題をはらんでいたかを、国会審議、専門家の考察、記者解説などで明らかにする努力が求められていた。

また、政府・与党の、強行採決をふくむ国会運営について、各番組がどのように向き合い、伝えたかも重要なモニターのポイントだった。この点を見ていくことにする。

安保法案と憲法との関係。砂川判決を集団的自衛権行使の根拠とすることの検証

6月4日、衆議院憲法審査会で、与党推薦の参考人を含む3人の憲法学者全員が、「安保法案は〝違憲〟」と衝撃的な証言を行った。

この事件をきっかけに、安保法案が違憲か合憲かという議論が国会でも展開されることになる。政権側は、違憲かどうかを決めるのは憲法学者ではなく、最高裁だとして、最高裁砂川判決を集団的自衛権を認めたものだと主張した。

こうした議論にたいして、正面から取り組んだのは「報道ステーション」と「NEWS23」であった。「報道ステーション」は、『憲法判例百選』の執筆者である憲法学者198人対象に緊急アンケートを行い、その結果を6月15日の放送で発表した。

それによると、回答したのは149人、そのうち憲法違反の疑いはない、としたのはわずか3人、「憲法違反」127人、「違憲の疑いがある」19人という結果であった。番組はこの結果をもとに、アンケートに協力した憲法学者数人のインタビューを行うなど、時間をかけて安保法案と憲法の関係を特集した。そのうえで、砂川判決について、憲法学者の木村草太氏がコメントしている。

木村氏は「(砂川判決は)日米安保条約に基づく米軍の駐留の合憲性が問題になっただけで、判決文のなかには、『自衛のための戦力の保持をも禁じたものであるか否かは別として』という文章が出てきて、個別的自衛権が合憲かどうかさえ、今回は判断しませんよ、という文章が出ている。判決をちゃんと読めばこれを根拠にするわけがない。個別的自衛権の判断も留保している判決が、まして集団的自衛権行使の根拠になるわけがない」と指摘した。

9月14日の放送では、砂川判決当時の最高裁判事、入江俊郎氏の書庫から砂川判決の判例集を発見し、そこに書き込まれた判事のメモを紹介した。

そこには「(判決は)『自衛のための措置をとりうる』とまでいうが、『自衛のために必要な武力、自衛施設を持ってよい』とまでは云はない」、と書かれていた。

このメモを受けて番組は、「砂川判決がそもそも自衛隊の存在自体にすら踏み込んでいない」と指摘、「集団的自衛権の行使まで射程に入れていたなどと言うことがあり得るのだろうか」と疑問を呈している。

「NEWS23」は、6月8日、9日、10日と連続して安保法案と憲法問題を取り上げている。

6月8日は、安保法案に反対する憲法学者199人の大パネルをスタジオに置き、与党推薦の憲法学者として「違憲」発言をした長谷部恭男早稲田大学教授のインタビューを伝えた。

6月9日は、砂川事件を資料映像で振り返り、再度、長谷部教授の「砂川判決では集団的自衛権は争点になっていない」とする談話を紹介した。

6月10日は、憲法違反とする学者が217人に増えたと伝え、「合憲」と主張する西修駒澤大学名誉教授と、違憲とする長谷部教授の見解を対比させ、整理した。

この日、岸井アンカーは、「政府が根拠としている砂川判決も72年見解も集団的自衛権行使の根拠になり得ない。政府与党の論理は破綻してきている。無理に無理を重ねて、とにかく憲法に合っていると、あるいは専守防衛だというために、どんどん綻びが出てきている」と批判した。

安保法案の根拠として、砂川判決が持ち出された以上、それがどのようなものか、報道機関として調査するのは当然のことである。「報道ステーション」「ＮＥＷＳ23」はこの当然の取材をしたものと評価できる。この種の検証報道は「ニュースウオッチ9」「ニュース7」には見当たらない。

「後方支援」のリスク、戦闘との一体化、輸送する武器・弾薬の種類の問題

国会審議中、政府・与党が言ういわゆる「後方支援」について、自衛隊員のリスクや輸送する武器・弾薬の問題が繰り返し問われた。関連して「後方支援」は前線と一体化した戦闘行為だという野党の追及も厳しさを増した。

代表的な例は、7月29日、参院特別委での共産党小池副委員長の追及である。

小池議員は、米軍への「後方支援」の例として、戦闘中の米軍ヘリへの給油を図解した海上自衛隊内部文書を示し、これは戦闘行為ではないかと追及した。

内部文書は、敵潜水艦を攻撃した米軍ヘリが自衛艦に着艦して燃料を補給して、また攻撃に向かう、という事態を想定したもので、誰が見ても自衛隊が一緒に戦争をしている、という小池議員の追及は説得力があった。

これに対し安倍首相は、この「後方支援」について「実際に戦闘現場ではないところで行うということを先ほどから申し上げている。一体化しないという考え方のもとで後方支援活動を行う」などと答えている。この質疑は、米軍への後方支援がいかなる性格のものか、また政府答弁がいかに空疎なものかを示していた。

「報道ステーション」はこの一連の追及を小池―安倍の何回かのやりとりで伝えている。また「NEWS23」もこの小池議員の質問を紹介、岸井アンカーが「総理は憲法上の要請で一体化しないと繰り返すが、法案のどこが一体化しない根拠となっているのか、具体的説明ができていない」と批判した。

しかし、「ニュースウオッチ9」「ニュース7」は、小池議員のパネルを使った具体的な追及は取り上げていない。

8月5日の参院特別委では、中谷防衛大臣が民主党の白眞勲議員の追及に、「後方支援」で、核ミサイルを運ぶことは想定していないが、法文上は可能である、と答弁、毒ガスの輸送も排除していないと発言した。「報道ステーション」と「NEWS23」はこのやりとりを時間をかけて紹介したが、「みんなのニュース」「NEWS ZERO」は伝えず、驚くべきことにこの日、「ニュースウオッチ9」には安保法関連のニュースはなかった。

二つの防衛省内部文書の暴露。国会審議無視の自衛隊のプラン

8月11日、参院特別委は、共産党小池副委員長が、安保法案成立を前提にした防衛省の内部文書を暴露したことで騒然となり、審議が打ち切られた。

「ニュースウオッチ9」「NEWS23」「NEWS ZERO」は、小池議員の質問と「コメントは差し控えたい」という中谷防衛大臣の答弁をほぼ1問1答で短く伝えたが、「報道ステーション」は他のニュース番組とは違い、質疑だけでなく、文書の内容をかなり詳しく報じた。

番組は、文書のタイトルが『日米ガイドライン及び平和安全法制関連法案について』であること、また、法案の成立を8月とし、来年2月からスーダンのPKO活動を新法で運用する日程表が文書にあるなど、重大な事実を明らかにした。その上で、「戦前の軍部の独走と同じではないか」という小池議員の一連の追及を伝えた。

その後、8月19日、中谷大臣が11日の答弁を翻して「私が命じた。当然の研究、検討だ」と答弁したことをめぐって審議はまた紛糾した。「報道ステーション」と「NEWS23」はこの19日の審議を丁寧にフォローしたが、「ニュースウオッチ9」はこの日の審議は報じていない。

9月2日、参院特別委で、共産党仁比聡平議員は入手した自衛隊統合幕僚長訪米の会議録について政府を追及した。「報道ステーション」と「NEWS23」はこの質疑を伝え、統幕長が米軍幹部に「安保法案は夏までに成立」「ジブチの役割は拡大する方針」などと述べた記録の内容を引用、紹介した。

この文書は、国会でまさにその是非が議論されている問題について、自衛隊が法案成立を前提に独自の方針や主張を持っていたことを示していた。「ニュースウオッチ9」はこの審議内容をまったく報じなかったが、これは安保法案が成立したあと、はたして文民統制が貫かれるかどうか懸念を生じさせる重大な情報であり、決して軽視できないものであった。その意味でNHKニュースの対応は批判されるべきである。

つぎに各ニュース番組が衆院、参院での強行採決をどう報じたか、モニター担当者は当日の各番組の内容、傾向について報告している。以下その要点を列記する。

衆院特別委での強行採決をどう報じたか（7月15日、モニター担当者コメントより）

●「ニュース7」

「自・公政権の法案強行採決でいつもよりは時間をかけた報道だが、『強行採決』という表現は最後まで聞かれなかった。抗議集会の参加者の声は比較的多く取り上げていた」

●「ニュースウオッチ9」

「採決シーンは比較的丁寧に見せたが、ナレーションは『騒然とした雰囲気に包まれる中、自民・公明の賛成多数で可決』というもので、『強行採決』という表現は使っていない。

5分半近いスタジオでの記者解説は『60日ルール』の説明や、国会内の議会運営手法、各党の駆け引きの状況の解説にとどまり、法案自体についての視聴者の関心に応えるものとは言えなかった」

●「みんなのニュース」

「ニュース枠をおよそ30分に拡大、強行採決の動き、民主・岡田代表、自民・佐藤参院議員の出演という3部に分けた構成になっていたのは納得できるものだった。しかし、強行採決の異常なあり方に対するメディアとしての鋭い批判は感じられなかった」

●「報道ステーション」

「衆院平和安全法制特別委の強行採決にかかわる動きを、国会前の反対行動の生中継から始まって丁寧に伝えている。強行採決という政局の動きだけでなく、ナレーションで『採決強行前の最後の質疑でも、法案への懸念は払しょくされなかった』としているように、当日の審議内容をぎりぎりまで伝え、強行採決の問題を浮かび上がらせた」

●「NEWS23」

「29分10秒という時間量で強行採決をめぐる動きを伝えた。スタジオゲストに憲法学者で早大の長谷部恭男教授を招いたほか村山富市元首相、映画監督の大林宣彦氏、作家の真山仁氏のインタビューが紹介された。この日の放送は強行採決を立憲主義、憲法の平和主義を破壊する暴挙として糾弾するトーンが強かった」

参院特別委での強行採決をどう報じたか（モニター担当者9月17日の報告より）

●「ニュース7」

「参院特別委の強行採決の際、自民党議員が議長席に殺到して議長をガードし、そこで質疑打ち切りの動議が出されたのが事実の流れだったが、ナレーションでは、『一気に議員たちが議長席に押し寄せた』としていた。野党議員が議長席に殺到したのは、すでに与党議員にガードされた後であった。

驚くべきことは政治記者の解説で、委員会採決の混乱について、原因は野党の強硬な反対にあるととれるコメントがあった。混乱の責任は野党にあるとのニュアンスは問題だった」

●「ニュースウオッチ9」

「25分弱の時間を割き法案採決をめぐる動きを詳しく伝えたが『強行採決』の表現はなかった。国会前の抗議集会は、河野キャスターが参加者にインタビューするなど、比較的丁寧に伝えた。記者の解説は珍しく野党の対応を中心に扱い、いつもの政府与党の思惑や方針の解説とは一味違って人々の関心にも沿っていた。しかし、大きく広がる抗議の声を一顧だにせず強行採決に走る与党への批判、違憲法案への疑問には全く触れず、メディアとして立憲主義、民主主義への危機感が弱いことはいつもどおりだった」

●「みんなのニュース」

「およそ3時間というニュースの枠を存分に使い、時間を追って詳しく伝えた。ただ、特別委で採決が行われたと伝えた部分で、キャスターが〝野党議員が委員長席に殺到〟と何回も伝えたのは問題だった。

民主党議員の証言や画面で見る限り、先に自民党席から議員が殺到したというのが事実であり、〝野党議員が殺到〟と明言したのは正確ではなかった。委員長の一連の発言や法案の可決宣言は中継画面でも全く聞こえなかったが、16時32分には速報テロップで〝安保法案　可決〟と伝え、キャスターも同様にコメントした。こうした混乱の中で情報が錯綜する場合、決定的な事実が確認されるまでは、〝誰それの情報によると〟というエクスキューズを入れて伝えるのが普通だが、今回はそういった確認の手段を全くとらず、情報の出所が分からない不確実な情報をそのままストレートに伝えた」

●「報道ステーション」

「参院特別委で強行採決があった歴史的な日に「報道ステーション」は、CMを除いても43分の時間量で安保法案関連の動きを伝えた。これは「ニュースウオッチ9」の時間量の倍以上になる。CMを除けば全体の時間は2番組でそれほど差がない。そう考えると、問題の重視の姿勢で、どちらが公共放送かわからない。この日の「報道ステーション」ではいくつか評価できる編集がある。『採決』に至る委員会室の混乱を、そのままナレーションなしで、視聴者の判断材料に提起したこと、国会外の集会の参加者の声を丁寧に取り上げていたこと、また、委員長不信任動議の理由説明の福山議員の発言に、前後矛盾する安倍首相、中谷防衛大臣の過去の答弁を組み込んだことなど、力の入った報道だった」

●「NEWS23」

「強行採決関連の報道は31分41秒の長さ。国会内の混乱した状況のレポートの間に、全国各地の安保法案反対の集会、デモ、集会参加者のインタビューを紹介している。東京品川商店街、北海道、福島、大阪、京都、広島、国会前集会など安保法案反対の動きを伝えた。

スタジオゲストの国際政治学者藤原帰一氏は、解説で、『イラク戦争では、集団的自衛権を認めているアメリカの同盟国のフランス、ドイツは派兵しなかった。日本はアメリカがやってきたらハイと手を挙げる、それが問題』と指摘した。この日、SEALDsの奥田愛基氏も出演している。そのほか元海上幕僚長の古庄幸一氏（賛成派）、東大教授石川健治氏（反対派）が登場した」

法案に関連する重要事項について、独自の取材による調査報道はあったか

この期間のテレビニュースには、国会審議や、政局の報道だけでなく、安保法案の争点に関連した事項について、独自の取材に基づく調査報道で、視聴者の政治的判断に資する情報の提示が求められていた。

この点では、「報道ステーション」と「NEWS23」が数多くの独自取材を行い、有用な情報を提供していたのに比べ、NHKその他の民放ニュース番組は、調査報道が皆無とは言えないものの、極めて少なく、ほとんどないに等しいものだった。

以下、各番組の調査報道の事例を挙げる。

1 「NEWS23」

「NEWS23」では9月22日までに「変わりゆく国×安保法制」という企画番組を40回放送している。その中から3つの例を挙げておく。

自衛隊の〝前線〟でみたもの（7月22日放送）

アフリカ南スーダンでPKO活動に携わる自衛隊員を取材したレポート。任務は道路の補修などインフラ整

備にたずさわること。彼らは丸腰で、見張り役が拳銃を持っているだけだ。しかし、南スーダンは今内戦状態にある。その監視のためにはネパール軍がパトロールにあたっているのだが、武装勢力の奇襲を受け、隊員が負傷したこともある。取材班はネパール軍のパトロールに同行するが、途中危険があるとして、撮影禁止に遭ったりする。

安保法案では、ＰＫＯ活動に治安維持や他国軍の防備という新しい任務が加わる。しかし、現憲法では、自衛隊は「国家」あるいは「国家に準ずる組織」を相手に攻撃を行うことは禁止されている。この点について安倍総理は「その原則に則って行動するのだから、武力行使に発展することはない」と発言しているが、治安維持に手を染めることでリスクが増えることは、このレポートから十分読み取れる。

憲法９条のもとで行ってきたＰＫＯ協力。その歯止めを外した時の自衛隊の近未来の姿を予測させるに有効な企画だったと言える。

船舶検査活動法改正で「テロとの戦い」（8月5日放送）

まず岸井アンカーが10本を束ねた「平和安全法制整備法案」の中に「船舶検査活動法」の改正が含まれていることを紹介した。

膳場キャスターは、「政府与党は衆議院で１１６時間という十分な審議時間を確保したといっている。しかし、この中で船舶検査活動法に直接触れたのは、たった3分のみ」と指摘した。

そのあとジブチのルポを伝えたが、その中で、現在日本がジブチで行っているのは海賊対策だが、駐留する世界30か国の軍隊はテロ対策のための船舶の臨検を主な業務としていて、それがテロの資金源となる麻薬密売の摘発が主要な任務であることが明らかにされた。

取材班は臨検に向かうオーストラリア軍に同行し、停戦を命じた船によじ登る兵隊たちの姿を取材した。いつ甲板から狙われてもおかしくない危険な作業である。日本も法律が改正されればこの地域で船舶検査も行うことになる。

「NEWS23」では、6月にジブチの拠点での自衛隊員の暮らしぶりを紹介しているが、その時岸井氏はジブチは単なる拠点ではなく、基地だと断言していた。

なお、このジブチの海賊対策のトップに日本の自衛官が就任している。国会でのたった3分の討論、しかし、現実は国会審議を先取りする形で、すでに布石が着々と打たれていることがこの報告から判明した。

それにしても、船舶検査活動法の改正の審議にわずか3分しか費やされていないとの発見はこの番組のスクープとも言える。

〝日本を操る男〟が見た安保審議（9月2日放送）

3年前アメリカのシンクタンクがまとめた提言書がある。俗に、アーミテージ・ナイノートと呼ばれるもので、その内容には、集団的自衛権行使容認をはじめ、日本の自衛隊について、今回審議の対象になった事柄がそっくり盛り込まれていた。TBSはその中心人物、アーミテージ元国務副長官との単独インタビューに成功した。

「日米で共同して何かを行うために議論し始めると、必ず憲法9条がバリケードのように道をふさぐ。時は流れ、状況も変わる。憲法の解釈も変えることができる。内閣法制局の解釈の変更でもそれは可能だと思う」とアーミテージは番組の中で語っている。

憲法9条にまで話が及んだのは、つい口が滑ったのかもしれないが、こうした本音を引き出し、法案がアーミテージ・ナイノートと一致点が多いことをあらためて暴露した価値の高いスクープインタビューだった。

2 「報道ステーション」

「報道ステーション」もまた注目すべき独自取材を行っている。その中で貴重だと思われるのは2回にわたるドイツの事情の報告と、現場を体験した元自衛官のインタビューである。

憲法解釈変えて「後方支援」、ドイツがアフガンでみた惨劇（7月20日放送）

この日の放送では、ドイツ軍のアフガニスタンにおける「後方支援」の実態を海外取材であきらかにした。ドイツ政府が安全だと言った「後方支援」で、ドイツ軍が何回も銃撃戦に巻き込まれ、55人の死者を出したこと、帰還後の兵士に精神障害が多発していることなど、その惨害を伝えた。これは後方支援が事実上戦闘行為である、という指摘に説得力ある材料を提供する調査報道であった。

憲法の解釈を変えて後方支援の内容を拡大しようとする日本の動きは、ドイツがたどった道とぴったり重なる。安保法案審議中にこのような歴史の事実を伝えたことは大きく評価できる。

「政府は安全だと言ったが、そこは戦場だった」、という兵士の証言を含むリポートの中に、安倍首相の「後方支援」に関する答弁が組み込まれていた。「後方支援では必ず戦闘に巻き込まれるわけではない。安全な場所で相手方に渡す、これがいまや常識」という繰り返される答弁である。この編集によって、安倍首相の答弁の軽さ、欺瞞性が浮き彫りになった。

ドイツに見る議会の歯止め　海外派兵の前提は〝情報開示〟（9月15日放送）

「報道ステーション」では、ドイツの「後方支援」のレポートのあと、ドイツ取材を再度行い、ドイツにおける海外派兵での議会の関与、監視機構を紹介している。

この取材では、ドイツ連邦憲法裁判所が、海外派兵や集団的自衛権の行使に議会の事前承認を必要としたこと、議会に防衛監察委員制度という強力な監視機構があること、などを伝えた。この報道はやや遅きに失した感はあるものの、安保法案での国会の事前承認について、そのあり方が十分議論されない中で重要な提起になっていた。

元自衛官が語る〝本当の現場〟「必ず犠牲者が出る……」（9月9日放送）

この日、二人の退役自衛隊員に体験を聞き、安保法案に対する意見を引き出している。

一人は、２００４年にサマワに派遣された65歳の自衛官で、当時、現地で、給水活動を専門にする５６０人の部下をまとめていたという。

元自衛官は「非戦闘地域とはいえ、当時の活動場所は、危険と隣り合わせだった。新法案のもとで派遣されれば、任務が広がっただけ危険が増えるのは当然だ。国会でのリスク議論など問題にならない。身を護るために敵を倒した場合、お前たちの戦闘行為は行きすぎだと罰せられるのか、その時の解釈で、いくらでも言いくるめられるのが恐ろしい」と語った。

もう一人は護衛艦で第一線の下士官として任務に当たってきた63歳の元海上自衛官で、若い後輩とその家族に接する機会が増えた頃から安保法案に反対する気になったと言い、次のように語った。「アメリカとは対等で、はっきり物が言える国じゃないとだめだ。若い連中を、わけのわからん戦場に行かせるのは堪らない。私は36年間、武力行使をすることなく終わった。平和が保てたのは憲法9条のおかげだ。この法案では、アメリカに追随して行う戦闘で、必ず犠牲者が出る。それは間違いない」

実名を明らかにして語った内容は、現場を経験した自衛官ならではのもので、こうした「当事者」のインタビューは貴重であった。

3 「NEWS ZERO」

「NEWS ZERO」は、8月7日に、「NEWS23」と同じく南スーダンのPKO活動に従事する自衛隊のリポートを放送した。

記者は、「これまで人道復興支援に限られてきた。これから民間人らの救助のほか、武器を扱う可能性のある検問など治安維持活動ができるようになる」と伝え、現地は武装したグループによる強盗事件が絶えない、と報告した。これをうけて村尾キャスターは、「最初に犠牲者が出るのは、このPKO活動ではないか。しかし衆院ではほとんど議論されていない。参院では特に治安維持活動に伴う武器使用について議論を深めてほしい」と注文を付けた。

9月15日には「機雷の掃海〝ホルムズ海峡〟で見たものは」と題して、記者をホルムズ海峡に派遣して海峡の情景を伝えた。番組では、万一機雷で封鎖されても迂回路があること、イランとの核合意で機雷敷設の可能性がないと指摘、村尾キャスターは「安倍総理の説明不足は否めない」と批判した。この番組の調査報道は多くはないが、この二つのリポートは意味のある取材だったと言える。

4 「みんなのニュース」

この番組には調査報道がほとんどなく、その点は批判されるべきである。ただ、わずかに9月18日、安倍政権側が挙げたホルムズ海峡での機雷除去が、いかに現実にそぐわない仮定に過ぎないかを現地での取材報告を交えて伝えた。

ホルムズ海峡を利用する物流がイランにとっても経済的に大きなウエイトを占めており、こうした実情を無視して、機雷の除去の必要性を誇大に強調する無意味さを、記者の現地報告や民間の経済研究者の指摘で明らかにしたのは意義があった。

5 「ニュースウオッチ9」

NHKニュース番組は、安保法案にかかわる重要な争点である、「後方支援」、機雷掃海、砂川事件、といった問題について、調査報道が可能であるにもかかわらず、ほとんど行っていない。わずかに調査報道らしいケースはいずれも自衛隊の実情に関するもので、争点の理解のための内容ではなかった。

7月20日に、ソマリア沖海賊対策に、日本の自衛官がはじめて多国籍軍司令官として指揮を執っているというレポートがあった。他国の軍人による日本人司令官への評価が高いことを伝えたあと、司令官の「海上自衛隊がというより、日本国として積極的平和主義ということで政府がリーダーシップをとってやっていると思う。その旗のもと今の法的枠組みが許す範囲の中でできるかぎりのことができたらいいと思う」という談話を紹介している。

このレポートを受けた河野憲治キャスターは、「安全保障関連法案をめぐって自衛隊の役割が議論されているが、こうした国際社会の期待と日本の法的枠組み、自衛隊が何をどこまで担うのか現場の実情を踏まえて議論していく必要があると感じた」とコメントした。

このコメントの真意は分かりにくいが、レポートは全体として海外での自衛隊の力量の高さと可能性を示唆するものであり、政権にとっては好ましい内容だったと言える。

もう一つ、7月23日の自衛隊取材レポートは、タイトルが「最前線の自衛隊員はいま」。自衛隊を取り上げてはいたが、その役割や存在感を強調するというよりは、攻撃的な実践訓練が増えつつある実態を明らかにするルポだった。

「正直ここまでやるのかと思った」と戦闘訓練、負傷者救護活動に戸惑い不安を感じると若い隊員は語っている。隊員の入隊動機の多くは、災害救助活動の報道を見て「人の役に立ちたい」と考えたからだという。素直に「奨学金返済のため」という隊員もいて、すでに経済的徴兵制のような実態もあることをうかがわせた。「ニュースウオッチ9」では視聴者に考えさせる判断材料を提供した数少ない取材だった。

NHKニュースにおける安保法案関連の調査報道が上記程度であり、ほとんどないという状況は、公共的放送機関として視聴者の政治的判断に資する情報を提供する任務から言えば、ほとんど怠慢といってもよい。「NEWS23」や「報道ステーション」の独自の調査報道と比べてみれば、いかにNHKが同種の独自取材を抑制していたかは明らかである。

民放の調査報道をみればわかるように、関連する事実や歴史を調査すればするほど、安保法案の矛盾が浮き彫りになる可能性があった。こうした効果を恐れ、政権に配慮したのではないか、という疑念は否定できない。民放に比べ、予算も人員もかけられるはずなのに、この怠慢は批判を免れないであろう。

市民の反対運動が、その規模に応じて適切に紹介されていたか。また識者の法案に対する言論などが、きちんと伝えられていたか。

本報告末尾の【付表2】は、安保法案審議中の市民の反対行動を、各局がどう伝えたかを一覧にしたものである。このほかにも動きはあると思われるが、テレビニュースが取り上げたものを重点的に選んでいる。

市民や著名人の行動をもっとも多く取りあげているのは「NEWS23」で、他番組を圧する回数である。ついで多いのは「報道ステーション」であり、「NEWS ZERO」「みんなのニュース」は非常に少ない。

NHKは、国会審議期間中を通じて反対行動の報道には冷淡であったが、9月に入ってさすがに多く取り上げるようになった。しかし、「NEWS23」や「報道ステーション」に比べ、紹介する時間量は圧倒的に少ない。【付表2】には「ニュース7」「ニュースウオッチ9」「報道ステーション」のみその時間量を付記したが、全体に前記民放2番組の反対行動の報道時間量はNHKニュースを大きく上回っている。

また、NHKでは撮影したVTRを短く挿入するスタイルが多いのに比べ、「NEWS23」や「報道ステーション」は国会前からのナマ中継を多用し、参加者の声を数多く伝えている。

ここでは比較的丁寧に国民の運動を紹介した「NEWS23」と「報道ステーション」の典型的な報道の例を記録しておく。

1 「NEWS23」

8月30日の全国総がかり行動は、翌31日の放送で、国会前から膳場キャスターがデモに参加しての感想や参加者へのインタビューで伝えた。エアショットが効果的に使われ、日比谷公園など、国会から少し離れたところまで人で埋め尽くされていることがよくわかった。

ナレーションでは「同じ日、こうしたデモは全国各地300か所以上で行われ、廃案を求める声は全国で鳴り響いた」と報じた。この日の「NEWS23」は徹底してデモの中から国民の声を伝えようとしていた。

国会前を人びとが埋め尽くした9月14日、番組は、参加した大江健三郎氏の「平和憲法の下での日本がなくなってしまう」という発言から始まった。

デモの中継に続いて報じられた国会審議では、民主党、大野元裕議員の質問「今のままいくとPKO活動で自衛隊員が民間人を殺すと殺人罪に問われかねない」との発言は衝撃的だったが、この質疑が組み込まれることで、再び中継で伝えられた反対デモが、国民の気持ちを表す切実な行動と受け止められる効果を生んでいた。

「NEWS23」は、このほかさまざまな団体や組織の反対表明、集会も報じた。

日弁連が国会内で開催した集会（7月9日）、全国281議会から308件の意見書が国会に提出された全国町村議会の反対、ないし慎重審議要求決議の動き（7月7日）。京都の母親たちの署名活動。安保法案反対の意見を述べた宮崎駿氏の外国特派員協会の会見（7月13日）。法曹関係者、学者300人の反対記者会見（8月26日）など多数にわたる。

インタビューやスタジオ生出演の識者は、藤井裕久元財務大臣（7月13日）、長谷部恭男早稲田大学教授（7月15日）。このほか寺島実郎日本総合研究所理事長、政治学者姜尚中氏、藤原帰一東京大学大学院教授が数回出演した。VTR出演では、批判的立場の論者として鳥越俊太郎、柳澤協二、益川敏英、村山富市、大林宣彦、高橋源一郎、荻上チキの各氏、安保法案賛成派としては、百地章日大教授、外交評論家の岡本行夫氏、国際政治学者三浦瑠麗氏らに意見を聞いている。

2　「報道ステーション」

この番組も「NEWS23」と同じく国会前、また全国の市民の抗議行動をよく伝えていた。とくに衆参ともに強行採決前後は国会前からの生中継が常態となっていた。また、批判する識者の声をよく取り上げていたと言える。なにより本報告冒頭であげた批判的立場のコメンテーターの印象が強い。

6月19日には、SEALDsの活動に密着するレポートがあり、安保法制に反対する若者の動きと声を丁寧に取り上げている。6月14日渋谷での大規模なデモも伝えた。

この日の「報道ステーション」は、徴兵制に関する国会のやりとり、合憲派憲法学者の会見のあとに、国会前での学生のスピーチ「自衛隊を現地に派遣することが日本にとって危険な事態を作り出すんじゃないんですか。戦争はいつの時代も平和の顔をしてやってきます」を伝えた。こうした若者たちの訴えを配置して徴兵制問題を取り上げた構成は、見る者を納得させる力があった。

8月31日の放送では、前日の全国総がかり行動を、12分近くの時間量で多角的に伝えた。これは同日の「ニュースウオッチ9」の30秒弱の扱いと大きな違いを見せた。

人々で埋め尽くされた国会前の状況を空撮で見せ、参加した音楽家の坂本龍一氏や学生の声を多数紹介した。さらに、AP通信やドイツ公共放送、イギリスBBCなどのニュース映像を使って、世界がこの大行動をどう見ていたかを伝えた。

9月17日、強行採決の日の国会前集会では、創価学会員の「私たち学会員は騙されたんだ」という悲痛な訴え、女子大学生の「そこで終わりにしてしまったら、たぶん思う壺だと思う。成立してからこそが正念場」など、市民の思いを取り上げた。

このほか「報道ステーション」では大江健三郎氏や山田洋次監督、鳥越俊太郎氏などの発言を取り上げてきている。

注目されたのは法案「成立」後も、市民の行動を大きく紹介したことである。9月21日　憲法学者の呼びかけに答え、高校生たちが全国で声を上げている動きを、東京渋谷と京都で取材し、渋谷のデモに参加した脳科学者の茂木健一郎氏の発言も紹介した。

3 「ニュースウオッチ9」「ニュース7」

「NEWS23」や「報道ステーション」には、この間の市民の反対行動の拡大、大きなうねりを、日本の平和と民主主義にとって大きな意義がある、ととらえる感受性があったと思われる。これに比べてNHKは、反対行動の報道姿勢を見る限り、そのような感性は感じられなかった。

とくに8月30日の全国総がかり行動は、当日の「ニュース7」で取り上げたもののわずかに2分程度の扱いで、翌日月曜日の「ニュースウオッチ9」では、この行動の映像は30秒だけだった。さすがにこの報道には反対行動に参加した市民から怒りの声が噴出した。

このようなNHKの報道姿勢は安保法案審議中続いており、市民は安倍政権に対してだけでなく、新たにNHKの存在にも目を向け、抗議の対象とする動きが生まれた。8月25日の「NHK包囲行動」はこうした動きの端的な表現だったと言える。

また、「ニュースウオッチ9」では、安保法案について識者、専門家に独自のインタビュー等をほとんど行っていない。国会の公聴会や、集会での発言をニュースとして流すことはあっても、番組独自に人選して意見を聞くという報道は、皆無とはいわないまでもほとんどなかったと言ってよい。論争的な政治問題に関しては、視聴者が多様な意見、見解を知ることが欠かせないが、NHKはこうした要請に応えたとは言い難い。併せて調査報道もほとんどないために、NHKの安保法案報道は、国会審議の短い伝達、国会での与野党の動き、反対行動の断片、記者解説、という決まりきったスタイルにとどまっていた。

このこともまたNHKの安保法案報道が「政府広報的」と批判される理由とも思われる。「ニュース7」のモニター担当者は、朝日新聞に投稿された読者の川柳を、批評の中で引用している。「政権の広報支援NHK」「申しわけ程度にチラとデモ映し」

この痛烈な批判が市民の共感を呼ぶ状況が生まれている。このことをNHK内の報道担当者はまず知るべきであろう。

今後、「安保法制下」のニュースに望むこと

安全保障関連法の施行によって、日本は戦後初めて自衛隊が海外で武力行使できる時代に移行することになる。

時の政権の「総合的判断」によっては、日本が特定の国や軍事組織と交戦状態に入り、「敵国」を持つ可能性が生じる。海外での自衛隊員の「戦死」も現実のものとなる。

そうした事態が起これば、政治権力はそれを国家総動員の機会ととらえて、愛国主義的なキャンペーンを展開し、批判する運動や言論を攻撃し、抑圧するだろう。まさに戦前、戦中の状況の再現が強く懸念される。

このような重大な時代のテレビ報道に、次のような努力を強く求めたい。
① 安保法制がどのような危険性をはらむのか、まだ視聴者には十分伝わっていない。機会をとらえ、引き続き法案の内容の解説や、関連する重要事項についての調査報道を強化すること。
② 現行憲法下で、安保法制を政府・与党がどのように運用するか、その行動を厳しく監視し、武力行使に至

る危険が生じたときは、視聴者・国民の判断に資するような事実、情報の取材、報道をひるまず行うこと。

③安保法制を実行する政権の強大な力が現実にある状況では、これに対抗し、批判する国民の運動を伝えることは重要である。賛否の両論併記にとどまらず、批判、反対運動をその規模に応じて適切に伝えること。

④この政治的状況で、NHKの政治報道が政府広報的な色彩を強めていることは、現在わが国のテレビ報道でもっとも深刻な問題である。NHKは、戦時中、国家の戦争遂行に加担させられた歴史の反省を踏まえ、政府から独立した自主、自律の報道を回復すること。

とくにNHK局内で働く人々には、市民の批判に応えて、内部から政治報道の是正に取り組むことを要請したい。

⑤今後、安保法制に批判的な立場のテレビ出演者、キャスター、アンカーなどに対する政治的圧力や攻撃が加えられる恐れがある。こうした圧力、個人攻撃に対しては、当該局だけで対応せず、報道の自由を守る観点からテレビ局が共同で立ち向かい、不当な圧力に屈しないこと。

11月14日の産経新聞、15日の読売新聞に、「放送法遵守を求める視聴者の会」と称する団体が、放送法第4条を理由に「NEWS23」の岸井成格アンカーを名指しで非難する意見広告を出した。

第4条の「政治的に公平であること」「報道は事実をまげないですること」などの放送準則は、放送事業者の自律に委ねられた倫理規定であるというのが通説である。この準則を法的拘束力のあるものとして取り締まれば、放送における表現の自由は根底から覆される。

放送法は、法の目的を、「放送の不偏不党、真実及び自律を保障することによって、放送による表現の自由を確保すること」と定めている、この精神によれば、番組編集準則を理由に放送内容を規制するなどあってはならないことである。安保法制下で今後このような攻撃が強まるであろう。テレビ局報道関係者は、この放送法の精神に従い、毅然として対応する必要がある。

このことを本報告の最後に強調しておきたい。

表１　NHK「ニュースウオッチ９」が報道しなかった事項
——「報道ステーション」「NEWS23」との比較

放送日・放送時期	放送の内容	報道ステーション	NEWS23	NHKNW9
5月20日	【党首討論】ポツダム宣言について「詳らかに読んでいない」との安倍総理の答弁	○	×ただし「間違った戦争との認識示さず」と報道	×
5月28日	【衆院特別委】安倍総理「早く質問しろよ」などのヤジ	○	○	当日は×翌日、報道
6月1日	【衆院特別委】日本に対して攻撃の意思のない国に対しても攻撃する可能性を排除しないとする中谷防衛大臣の答弁	○	○	×
6月1日	【衆院特別委】「イスラム国」に対し有志連合などが行動する場合後方支援は法律的に可能との中谷大臣の答弁	○	○	×
6月中旬	憲法学者へのアンケートほか、「違憲」とする憲法学者が多数であることの報道	○ 6/15放送	○ 6/8〜10放送	アンケートは実施。「NW９」では×
7月1日	自民党「勉強会」の発言について「威圧」「圧力」という表現使う	○	○	×
7月15日	【衆院特別委】採決に「強行」という表現使う	○	○	×
7月29日	【参院特別委】戦闘中の米軍ヘリへの給油を図解した海上自衛隊の内部文書について共産党小池副委員長が追及	○	○	×
8月5日	【参院特別委】「後方支援で核ミサイルも法文上運搬可能」という中谷大臣の答弁	○	○	×
8月19日	【参院特別委】安保法案成立を前提とした防衛省文書で中谷大臣の矛盾する答弁を共産党小池副委員長が追及。	○	○	×
8月下旬	ノルウェーの平和学者、ヨハン・ガルトゥング博士が来日、安倍首相の「積極的平和主義」は本来の意味とは違うと批判	○ 8/25放送	○ 8/19放送	×
9月2日	【参院特別委】自衛隊統合幕僚長が訪米した際の会議録について共産党仁比議員が追及	○	○	×
9月17日	【参院特別委】採決で「強行採決」という表現を使う	○	○	×

表2　安保法案に反対する市民の主要な行動と報道の有無
――2015年6月6日～7月16日

月日	主な反対行動	ニュース7	ニュースウオッチ9	報道ステーション	NEWS23	NEWS ZERO	みんなのニュース
6・3	憲法学者法案廃案を求める声明	×	×	○ 6/5放送	○ 6/8放送	×	×
6・12	日本記者クラブで元自民党幹部山崎拓氏ら記者会見法案に反対を表明	×	×	○ 4分	○	×	×
6・14	SEALDs(シールズ)渋谷でのデモ	×	×	○ 6/19放送	×	×	×
6・15	学者・研究者が安保関連法案に反対表明	×	×	×	○	×	×
6・19	憲法学者の樋口陽一氏ら国会前で反対集会	×	×	○ 2分47秒	○	×	×
6・24	国会議事堂前反対集会	○ 20秒	○ 38秒	○ 1分26秒	○	×	×
7・13	「安保法案に反対するママの会」反対表明の記者会見	○	×	×	○	×	×
7・14	日比谷野外音楽堂の大集会。	○ 15秒	○ 30秒	○ 1分17秒	○	○	×
7・15	国会前抗議行動及び全国的な反対行動（衆院特別委員会強行採決）	○ 13秒	○ 1分20秒	○ 3分12秒	○	○	○
7・16	国会前抗議行動（衆院本会議で法案可決）	○ 14秒	○ 30秒	○ 2分18秒	○	○	○

2015年7月24日～9月18日

月日	主な反対行動	ニュース7	ニュースウオッチ9	報道ステーション	NEWS23	NEWS ZERO	みんなのニュース
7・24	「公明党支持層」に法案反対の動き	×	×	○ 2分 36秒	○ 8/13 放送	×	×
7・28	各地で抗議デモ国会前1万5千人参加	×	×	×	○	○	×
8・13	元総理5氏、法案反対の提言書簡発表	×	×	○	×	×	×
8・26	法曹関係者、学者らが共同で法案反対の記者会見	×	×	×	○	×	×
8・30	国会前・全国各地で法案に反対する大集会	○ 2分 15秒	○ 8/31 放送 30秒	○ 8/31 放送 12分	○ 8/31 放送	×	○
9・8	創価学会員が、安保法案反対の署名を集めて公明党本部に持参。山口代表は応対せず	×	×	○ 9/10 放送	○	×	○ 9/15 放送
9・14	国会前抗議集会4万5千人参加	○	○ 2分 8秒	○ 3分 9秒	○	○	○
9・16	国会前抗議集会（横浜で地方公聴会）	○	○ 2分 17秒	○ 9分 19秒	○	○	○
9・17	国会前及び全国的な反対行動（参院特別委員会で強行採決）	○	○ 3分 27秒	○ 7分 52秒	○	○	○
9.・18	国会前集会主催者発表4万人参加（翌19日未明参院本会議法案可決）	○ 10秒	○ 3分 24秒	○ 2分 15秒	○	○	○

執筆者（執筆順）

原　寿雄（元共同通信編集主幹）
松田　浩（メディア研究者）
石川　旺（上智大学名誉教授）
西土　彰一郎（成城大学教授）
砂川　浩慶（立教大学教授・メディア総合研究所長）
岩崎　貞明（放送レポート編集長）
小田桐　誠（放送ジャーナリスト）
永田　浩三（武蔵大学教授）
松元　剛（琉球新報編集局次長）
放送を語る会

公正中立がメディアを殺す　　**放送レポート　別冊**

2016年4月20日　第1刷発行

定価はカバーに表示してあります

◉編者——メディア総合研究所・放送レポート編集委員会
◉発行者——中川　進
◉発行所——株式会社　大月書店
〒113-0033　東京都文京区本郷2-11-9
電話（代表）03-3813-4651
振替00130-7-16387・FAX03-3813-4656
http://www.otsukishoten.co.jp/
◉印刷——三晃印刷
◉製本——中永製本

ISBN978-4-272-79043-2 C0331　Printed in Japan

年表（2012年～2016年）安倍政権とメディア

▼2012年

12月――――――――――――

21日　第46回衆院総選挙は16日投開票され、自民党が単独過半数（241議席）を大幅に上回る議席を獲得し、3年3カ月ぶりに公明党との連立で政権復帰を確実にした。

27日　菅義偉官房長官は記者会見で、歴代首相が慣行で記者団の質問に答えた「ぶら下がり取材」について、安倍晋三首相は応じないとする方針を明らかにした。

30日　安倍晋三首相は産経新聞との単独インタビューで、「参院選前に私の考え方を隠そうとするつもりは全くない」と述べ、かねて見直し方針を表明していた「村山談話」に代わる「安倍談話」を作成する考えを表明した。

▼2013年

1月――――――――――――

3日　米紙ニューヨーク・タイムズは、安倍晋三首相が12月31日付産経新聞に掲載されたインタビューで、従軍慰安婦問題を含む過去の侵略に対する日本政府の謝罪を見直す考えを示唆したとして、首相を厳しく批判する社説を掲げた。

22日　内閣記者会はアルジェリア人質事件の被害者氏名などの情報を開示するよう首相官邸に申し入れた。

30日　国際ジャーナリスト組織「国境なき記者団」は、世界各国の報道の自由度ランキングを発表し、日本は東京電力福島第一原発事故に関する情報の透明性が欠けるなどとして昨年の22位から大幅に順位を下げ、53位とされた。

3月――――――――――――

1日　義家弘介文部科学政務官は竹富町教育委員会を訪ね、採択地区内で同じ教科書を使うよう定めた「教科書無償措置法」に基づき、同町が採択した中学公民教科書を「東京書籍」版から「育鵬社」版に改め、採択し直すよう求めた。

9日　安倍晋三首相はＢＳ朝日の番組で、憲法改正の発議要件を定めた96条の見直しに改めて意欲を示したうえで、「国際的な集団安全保障に参加できる道は残したほうがいい」と述べ、将来的には9条改正を目指す考えを示した。

22日　安倍政権はスマートフォン向けに「首相官邸アプリ」をつくった。アプリを使って配信するのは首相の動きや政権が取り組んでいる政策など。官邸はすでにフェイスブックなどでも情報発信している。

4月――――――――――――

3日　菅義偉官房長官は沖縄県内の新聞、テレビ5社を相次いで訪れ、幹部らと意見交換した。

5日　1日付で退職した元ＮＨＫアナウンサーの堀潤さんが毎日放送ラジオの『報道するラジオ』に生出

演。原発報道にふれて「海外やインターネットのメディアがすでに発信している情報について、日本の公のメディアは『まだよく分からない』として報道しない姿勢があり、市民の疑心暗鬼が進んだ面があった」などと話した。

15日　安倍首相（自民党総裁）は憲法をテーマに読売新聞の単独インタビューに応じ、改正の発議要件を定めた96条をまず見直す方針を表明した。夏の参院選で公約の柱とする考えも示した。

５月――――――――――――――

23日　安倍政権が憲法96条を改め、国会の改憲発議要件を３分の２から過半数に緩めようとしているのは、立憲主義の破壊だとして、著名な憲法学者や政治学者らが「96条の会」を結成した。参院選に向け、96条改正反対を呼びかける。

６月――――――――――――――

３日　教科書検定の見直しを検討している自民党が教科書出版会社の社長らから意見を聴いたことに対し出版労連は抗議文を安倍晋三首相（自民党総裁）に送った。

18日　安倍内閣は、旧日本軍の慰安婦問題に関する国連の拷問禁止委員会の勧告について「法的拘束力を持つものではなく、締約国に従うことを義務づけているものではない」とする答弁書を閣議決定した。

７月――――――――――――――

４日　自民党は、ＴＢＳの報道内容が公平さを欠いているとして党幹部に対する取材や幹部の番組出演を当面拒否すると発表。党総裁・幹事長室名の発表文によると、ＴＢＳ『NEWS23』は6月26日の放送で国会会期末の与野党攻防の末に電気事業法改正案などが廃案となった経緯を報道したが「廃案の責任が全て与党側にあると視聴者に誤解させるような内容があった」と主張している。

11日　時事通信社主催でネット中継を予定していた４選挙区での候補者討論会が、開催初日になって急きょすべて中止になった、と報道。討論会は「Yahoo！みんなの政治」などが協力し、11日の三重を皮切りに、愛媛（13日）、滋賀（14日）、岩手（15日）で開催が決まっていた。

21日　21日に投開票された第23回参院選で、公約に憲法改正を掲げるなど改憲へ前向きな自民党、日本維新の会、みんなの党による獲得議席の合計は81で、非改選と合わせても改憲の発議に必要な参院３分の２に届かなかった。ただ、環境権など新たな理念を書き加える「加憲」を掲げる公明党と合わせると計92議席で、３分の２に到達した。

30日　麻生太郎副総理が憲法改正をめぐり、ナチス政権を引き合いに「手口に学んだらどうか」などと発言したことに対し、米国の代表的なユダヤ人人権団体「サイモン・ウィーゼンタール・センター」（本部・ロサンゼルス）は批判声明を発表し、「真意を明確に

説明せよ」と求めた。

8月――――――――――――――――

21日　被爆体験や戦争を描いた漫画『はだしのゲン』を学校で閲覧制限した松江市教育委員会の対応について、下村博文文部科学相は記者会見で「特段の問題はない」と述べた。漫画の内容について「教育上好ましくないと考える人が出るのはあり得る」とも話し、対応に理解を示した。

9月――――――――――――――――

3日　自民党は、特定の秘密を漏らした公務員や不正に情報を入手した第三者を処罰する特定秘密保護法案の概要を大筋で了承した。これを受け政府は同日、国民の意見を募るパブリックコメントを開始した。法案は、諸外国との情報共有を進めるため、防衛▽外交▽安全脅威活動防止▽テロ活動防止――の4分野で機密性の高い情報を「特定秘密」に指定。漏えいや不正入手には最高10年以下の懲役を科す。

8日　2020年夏季五輪の開催都市を決めるＩＯＣ総会で、安倍晋三首相は東京電力福島第一原発の汚染水漏えい問題について、「まったく問題はない。汚染水の影響は、港湾内で完全にブロックされている」と強調した。

19日　民放連の井上弘会長は定例記者会見で「特定秘密保護法案」について「概要を見る限り、国民の知る権利と報道の自由を侵害する可能性がある」と懸念を表明した。

10月――――――――――――――――

2日　日本新聞協会は「特定秘密保護法案」に懸念を示す意見書をまとめ、担当の森消費者相に提出した。政府は法案に国民の基本的人権を不当に侵害することがあってはならないとする規定を盛り込む方針だが、意見書は「『不当に』の範囲が不明確で、担保される保証はなく、政府の運用次第で憲法が保障する取材・報道の自由が制約されかねない」と懸念を表明した。

25日　政府は衆参両院の議院運営委員会理事会に対し、ＮＨＫ経営委員会委員に小説家の百田尚樹氏、日本たばこ産業（ＪＴ）顧問の本田勝彦氏、哲学者の長谷川三千子氏ら5人を起用するなどの同意人事案を提示した。百田氏はデビュー作『永遠の0』がベストセラーになった人気作家。長谷川氏は保守派の論客で、昨年9月、安倍晋三首相が自民党総裁選に立候補した際、百田氏とともに支持を表明した。本田氏も安倍首相の学生時代に家庭教師を務めるなど首相に近い。

28日　自民党の小池百合子元防衛相は衆院国家安全保障特別委員会で、報道機関が首相の1日の動向や面会相手などを報道する動静記事について「国民の知る権利を超えているのではないか」と述べた。海外の議会関係者なども首相の動静記事を情報源として活用していると主張し「何を知り、何を伝えてはいけないかを精査すべきだ」と

批判した。

11月――――――――――――

1日　菅義偉官房長官は衆院国家安全保障特別委で、首相や官房長官、外相、防衛相らが参加する国家安全保障会議（日本版ＮＳＣ）の議論の公表について「国家安全保障を損なわない程度に検討したい」とする一方、「議事録は作成しない」と答弁した。

11日　特定秘密保護法案に反対する田原総一朗さんや鳥越俊太郎さんら有志のジャーナリスト８人が東京都内で記者会見し、法案が成立すれば国民の「知る権利」や報道・取材の自由が大きく侵害されると訴えた。

12日　森雅子内閣府特命担当相は12日午前の閣議後の記者会見で、特定秘密保護法案をめぐり、報道機関への家宅捜索を否定した自身の国会答弁について「一般的には捜索などに入ることはないと答えた」と補足説明し、例外的対応はあり得るとの見解を明らかにした。

22日　国際ジャーナリスト連盟（ＩＦＪ）環太平洋アジア地連は「国民の知る権利を損なう」として特定秘密保護法案に反対する声明を出した。また、国連人権理事会のフランク・ラ・ルー特別報告者（グアテマラ）は、日本の特定秘密保護法案について「内部告発者やジャーナリストを脅かすもの」との懸念を表明、日本政府に透明性の確保を要請した。

26日　機密を漏らした公務員らに厳罰を科す特定秘密保護法案は衆院本会議で自民、公明両党やみんなの党の賛成多数により可決された。民主党などは本会議採決の見送りを求めたが、与党は衆院通過を強行。日本維新の会は採決前に退席。民主党、共産党、生活の党、社民党は反対した。

26日　来年１月に１期目の任期が切れるＮＨＫの松本正之会長の後任選びで、ＮＨＫ経営委員会は「政治的に中立的である」など６項目の資格要件を決めた。

29日　自民党の石破茂幹事長は11月29日付の自身のブログで、特定秘密保護法案に反対する市民のデモについて「単なる絶叫戦術はテロ行為とその本質においてあまり変わらないように思われます」と批判した。

12月――――――――――――

6日　特定秘密保護法は深夜の参院本会議で採決され、自民、公明両党の賛成多数で成立。野党は「審議打ち切りは民主主義の破壊」と反発したが与党が採決に踏み切った。

9日　安倍晋三首相は臨時国会の閉会を受けて首相官邸で記者会見し、特定秘密保護法成立が拙速だとの批判に対し「私自身がもっともっと丁寧に時間をとって説明すべきだったと反省している。今後とも国民の懸念を払拭すべく丁寧に説明していきたい」と語った。ただ、会見は30分間弱で終わり、国民の「知る権利」をどう守るかや秘密指定の恣意性をどう防ぐかなどに

ついての具体的な説明はなかった。

16日　菅官房長官は記者会見で、臨時国会で成立した特定秘密保護法を巡る一部の報道について「誤った認識が多いのではないか」と苦言を呈した。菅氏は「映画監督が映画を作れなくなるとか、（米軍の新型輸送機MV22）オスプレイをスマートフォンで撮ってメールをすると逮捕されるとか、あり得ないことが報道されている」と指摘。同法成立後の内閣支持率下落につながっているとの認識を示した。

20日　ＮＨＫ経営委員会は、来年１月24日に退任する松本正之会長の後任に、籾井勝人・日本ユニシス特別顧問（70）を選出した。任期は来年１月25日から３年間。福地茂雄氏、松本氏に次ぐ、３代続けての外部登用となる。

▼2014年

１月――――――――――――――

10日　沖縄県議会は臨時会本会議で、仲井真弘多知事が米軍普天間飛行場（宜野湾市）移設の前提となる名護市辺野古沿岸部の埋め立てを承認したのは公約違反だとして、知事の辞任要求決議を野党などの賛成多数で可決した。

25日　ＮＨＫ新会長の籾井勝人氏は就任会見で、従軍慰安婦について「戦争をしているどこの国にもあった」と述べた上で、日本に補償を求める韓国を疑問視した。従軍慰安婦問題を取り上げた過去のＮＨＫ番組に関連し、この問題に関する見解を問われ答えた。尖閣諸島・竹島など領土問題については国際放送で「明確に日本の立場を主張するのは当然。政府が右ということを左というわけにはいかない」と話した。

２月――――――――――――――

４日　ＮＨＫの籾井勝人会長が就任会見で政治的中立性を疑われる発言をした問題をめぐり、約１万2300件の意見がＮＨＫに寄せられたことが分かった、と報道。そのうち約7200件は批判的な内容という。

12日　国際ジャーナリスト組織「国境なき記者団」（RSF、本部パリ）が発表した世界各国の報道の自由度を順位付けした報告書で日本は昨年の53位から59位に後退した。日本は、各国を５段階に分けた分類で上から２番目の「満足できる状況」から、主要先進国で唯一、３番目の「顕著な問題」のある国に転落。東アジアでは台湾や韓国を下回る自由度とされた。

21日　「ＮＨＫを監視・激励する視聴者コミュニティ」など７市民団体が東京都内で記者会見し、共にＮＨＫの経営委員で、都知事選で応援演説した百田尚樹氏と就任前に右翼の自殺を礼賛する追悼文を寄せた長谷川三千子氏の罷免を求める要望書を安倍晋三首相に提出したと発表。

３月――――――――――――――

４日　政府は４月１日から閣議や閣僚懇談会の議事録を作成し、公表す

る方針を決めた。菅義偉官房長官が閣議後の記者会見で明らかにした。今後、閣議で決定する。

4日　沖縄県の琉球新報社の報道をめぐり、同社と日本新聞協会に防衛省が文書で抗議したことに対し、新聞労連は「報道への弾圧であり、極めて不当で許しがたい」とする声明を発表、安倍政権と防衛省に抗議の撤回と謝罪を求めた。琉球新報社は2月23日付朝刊で、同県石垣市の2カ所が陸上自衛隊の部隊配備先として絞り込まれていると報道。防衛省は事実と異なるとして翌24日に抗議した。琉球新報社には訂正も求めた。

21日　安倍晋三首相はフジテレビ系のバラエティ番組『笑っていいとも！』のトークコーナー「テレホンショッキング」に現役首相として初めて生出演した。首相は司会のタモリさんを「無形文化財だ」と持ち上げ「長続きの秘訣を聞きたい」と長期政権へ意欲も見せた。

28日　特定秘密保護法は憲法違反で取材活動が制限されるとして、フリージャーナリストや編集者ら43人が国を相手に違憲・無効確認と原告一人当たり10万円の慰謝料を求める訴えを東京地裁に起こした。

31日　ＮＨＫの2014年度予算が参院本会議で自民、公明両与党とみんなの党の賛成多数で承認された。野党のうち民主、維新、結い、共産、生活、社民の6党は籾井勝人会長の従軍慰安婦をめぐる発言などを問題視し、反対した。

4月――――――――――――

13日　ＮＨＫの籾井勝人会長は、午前11時から『とっておきサンデー』に出演し「国会審議の場で発言や資質などについて多くの質問を受け、視聴者の皆さまにたいへんなご心配をおかけいたしました。こうした事態を招いたことを反省し、深くおわび申し上げます」と視聴者に謝罪した。

21日　政府ＴＰＰ対策本部が報道各社に正確な情報発信を呼び掛けるような異例の記者会見を開いた。同本部は「米国とは何一つ合意していない」として、個別の品目ごとではなく全体での利益のバランスを取って合意案を探ることになるため「(交渉の) 最後の最後にならないと (合意はない)」との考えを示した。その上で「記事を書くなとは言わないが、国民や、非常に心配している関係者に誤解を与えないよう、よく注意して記事を書いてほしい」と注文した。

5月――――――――――――

2日　ＮＨＫの籾井勝人会長は4月30日の理事会で、放送法が定める公平性の原則について「一つ一つの番組で、それぞれやるべきだ」という趣旨の発言をしたことが分かった、と報道。

21日　東京電力福島第一原発事故後、安全性の保証をせずに大飯原発3、4号機 (福井県おおい町) を再稼働させたとして、福井県の住民らが関西電力に運転差し止めを求めた訴訟で、福井地裁 (樋口英明裁

判長）は21日、現在定期検査中の２基を「運転してはならない」と命じ、再稼働を認めない判決を言い渡した。福島事故後、原発の差し止めを認める判決は初めて。

６月――――――――――――――

22日　日本世論調査会が憲法に関する世論調査を実施した結果、憲法を「改正する必要がある」「どちらかといえば改正する必要がある」の回答を合わせた改正派は56％で、昨年６月の前回調査に比べ７ポイント減少した。「改正する必要はない」「どちらかといえば改正する必要はない」の反対派は前回比６ポイント増の38％。憲法九条について「改正する必要はない」は60％（前回比５ポイント増）で、「改正する必要がある」の35％（５ポイント減）を大きく引き離した。

24日　ＮＨＫは2013年度の決算（単体）を発表した。12年秋から受信料を値下げしたが、受信料収入は6345億円と、前年比42億円の減収にとどまった。支出を差し引いた182億円は、東京・渋谷の放送センターの建て替えなどに備えた建設積立金に繰り入れるという。

７月――――――――――――――

１日　集団的自衛権の行使を認める閣議決定案を了承した自民党総務会で、村上誠一郎元行政改革担当相が「反対」を表明した。ただ、野田聖子総務会長は、賛否を問うた際には意思表明がなかったとして「全会一致」とみなした。

18日　ＮＨＫの退職者が籾井勝人会長への辞任勧告か罷免を求めて経営委員会に申し入れをした。７月中に退職者1000人の賛同を目指しており、呼びかけ人には『ニュースセンター９時』のメーンキャスターを務めた勝部領樹氏、元アナウンサーの山根基世氏、斎藤季夫氏ら著名なＯＢや元幹部を含む172人が名を連ねている。

29日　「梅雨空に『九条守れ』の女性デモ」と詠んだ市民の俳句をさいたま市大宮区の三橋公民館が月報への掲載を拒否した問題で、稲葉康久・市教育長は定例会見で「世論を二分しているものは月報にそぐわない。今後も掲載しない」と述べた。

８月――――――――――――――

５日　朝日新聞は朝刊の特集記事で「韓国・済州島で200人の朝鮮人女性を『狩り出した』」などと証言した元軍人の吉田清治氏に関する記事を取り消した。

28日　自民党が国会周辺での大音量のデモや街宣活動に対する規制の検討に入ったことをめぐり、与野党から「不都合な声を封じ込める言論統制だ」と懸念する声が相次いだ。

９月――――――――――――――

４日　ジャーナリストの池上彰さんが朝日新聞に慰安婦報道検証を批判したコラムの掲載を拒否された問題で、朝日は４日朝刊１面で「池上さんコラム　掲載します」と告知を出し、池上さんと読者へ謝罪

した上で「オピニオン」面に池上さんのコラムを掲載した。

12日　朝日新聞社は、東電福島第一原発事故をめぐり政府の事故調査・検証委員会がまとめた吉田昌郎元所長の「聴取結果書（調書）」に関する記事を誤りと認めて取り消し、読者や関係者に謝罪する木村伊量社長の談話を同日付の朝刊に掲載。

10月――――――――――――――――

21日　文部科学省の諮問機関「中央教育審議会」は、現在教科ではない小中学校の道徳を教科に格上げするよう下村博文文科相に答申した。

11月――――――――――――――――

16日　米軍普天間飛行場の名護市辺野古移設の是非を最大の争点にした任期満了に伴う第12回県知事選は16日、投開票され、無所属新人で前那覇市長の翁長雄志氏（64）が36万820票を獲得し、初当選した。

18日　安倍晋三首相は首相官邸で記者会見し、来年10月に予定されている消費税率10％への引き上げを1年半先送りし、21日に衆院解散に踏み切る意向を表明した。

18日　安倍晋三首相はＴＢＳの報道番組で、12月10日に施行される特定秘密保護法について「これはまさに工作員やテロリスト、スパイを相手にしているから、国民は全く、これは基本的に関係ない。施行してみれば分かる」と説明した。そのうえで「報道がそれで抑圧される、そんな例があったら私は辞める」と明言した。

28日　自民党が在京のテレビキー局各社に対し衆院選の報道にあたって「公平中立、公正の確保」を求める文書を送っていた。出演者の発言回数や時間などは公平を期す▽ゲスト出演者などの選定についても公平中立、公正を期す▽テーマについて特定政党出演者への意見の集中などがないようにする▽街頭インタビュー、資料映像などでも一方的な意見に偏らない――などを「お願い」する内容。

29日　衆院選をテーマに各政党の政治家を招いて放送されたテレビ朝日系『朝まで生テレビ！』で、出演予定だった評論家の荻上チキさんとタレントの小島慶子さんが局側の方針で出演を取りやめていたことがわかった、と報道。

12月――――――――――――――――

15日　第47回衆院選は15日午前、475議席（小選挙区295、比例代表180）の議席が確定した。自民党は290議席で、2012年の前回衆院選に続き、単独で過半数（今回は238議席）を獲得した。小選挙区制が導入された1996年衆院選以降、一政党が２回続けて単独過半数を獲得したのは初めて。

▼2015年

１月――――――――――――――――

７日　お笑いコンビの爆笑問題がＴＢＳのラジオ番組『JUNK爆笑問題カーボーイ』で、ＮＨＫのお笑い番組に出演した際、事前に用意していた政治家に関するネタを局側

に没にされたことを明らかにした。

7日　風刺画が売り物のフランスの週刊新聞「シャルリー・エブド」の事務所が7日、自動小銃を持った男らに襲撃された。少なくとも記者ら12人が死亡、数人が重体となった。同紙は、イスラム教を風刺するイラストで物議をかもしてきた。

9日　内閣官房は9日、特定秘密保護法（昨年12月10日施行）に基づいて、昨年末段階で10省庁が382件の特定秘密を指定したと発表した。これまで明らかになっていなかった防衛省の指定件数は247件と判明した。

2月――――――――――――――

1日　過激派組織「イスラム国」による人質事件で、拘束されたフリージャーナリスト後藤健二さん（47）＝東京都港区＝とみられる男性が殺害される様子の動画が日本時間1日早朝、インターネットに公開された。

4日　自民党の高村正彦副総裁は、「イスラム国」に殺害されたとみられる後藤健二さんが日本政府の再三の渡航中止要請にもかかわらず支配地域に入ったことについて「どんなに使命感が高かったとしても、それは真勇ではなく蛮勇だ。後藤さんの後に続く人たちは細心の注意を払って、蛮勇にならない行動をしていただきたい」と述べ、支配地域への渡航を自粛するよう求めた。

5日　総務省は「イスラム国」をめぐる情勢緊迫を踏まえ、在外邦人や海外渡航予定者が安全確保のために外務省の危険情報などを迅速に的確に入手できるよう、ＮＨＫに国際放送などでの情報提供で最大限の取り組みを行うよう依頼したと発表した。

5日　ＮＨＫの籾井勝人会長は定例記者会見で、戦後70年にあたり従軍慰安婦問題について番組で取り上げるかを問われ「政府の正式なスタンスがまだ見えないので、放送するのが妥当かどうかは慎重に考えないといけない」と述べ、政府が8月にも発表する「戦後70年談話」の行方を見て判断する意向を示した。

6日　米軍普天間飛行場移設に伴う名護市辺野古への新基地建設に関し、カヌーで抗議する市民らを拘束するなどしている第11管区海上保安本部は、拘束の事実確認や理由などの取材に応じない意向を示した。

7日　外務省は、旅券法に基づき、シリアへの渡航を計画した日本人男性のパスポートを返納させたと発表した。男性は新潟市在住のフリーカメラマン（58）で、メディアで渡航の意図を表明していた。

9日　イスラム過激派組織「イスラム国」（IS）による人質事件以降、政権批判を「自粛」する空気が強まっているとして、ジャーナリストや作家らが9日東京都内で記者会見し、「今後も臆さずに書き、話し、描くことを宣言する」との声明を発表した。

25日　国際人権団体アムネスティ・インターナショナルは世界の人権状況に関する報告書で、日本については在日コリアンに対する「ヘイトスピーチ」（憎悪表現）や旧日本軍の従軍慰安婦問題などに言及し「国際的な人権基準から乖離し続けている」と日本政府の対応を批判した。

3月――――――――――――――――

3日　安倍晋三首相は衆院予算委で、テレビ番組に出演中、内容に注文をつけたことを批判され、語気を強めて反論した。首相は昨年11月18日のＴＢＳの報道番組で、景気について街頭の批判的コメントを多く取り上げたとして「選んでますね」「これ、問題だ」などと指摘。民主党の大串博志氏は「個別の報道の取り上げ方についてその場でおかしいというのは問題だ」と質したが、首相は「いったい何人に聞いたのか。不偏不党な放送をしてもらいたいのは当然だ」「疑問を国民に投げかけた。それが正しいかどうかも含め選挙で審判を受けた」と主張。大串氏は「報道への介入と言われても仕方のない発言だ」と追及したが、首相は「何の問題もない」と突っぱねた。

20日　安倍晋三首相は参院予算委員会で、自衛隊と他国との訓練について説明する中で、自衛隊を「我が軍」と述べた。

26日　憲法記念日前日の5月2日に神戸市で開かれる「神戸憲法集会」を主催する実行委員会は市内で記者会見し、市と市教委から集会の後援を断られたことを明らかにした。昨年5月と11月に開いた集会でも後援を拒否されていた。

27日　テレビ朝日『報道ステーション』で、コメンテーターの元経産省官僚の古賀茂明さんとキャスターの古舘伊知郎さんが番組への出演を巡り激しく言い争う場面があった。古賀さんは「I am not ABE」と書いた自作の紙を提示し「官邸から批判が来るかもしれないが、陰で言わないで、直接私のところに文句を言ってきて」と述べた。

30日　菅義偉官房長官は記者会見で、元経済産業省大臣官房付の古賀茂明氏が27日のテレビ朝日の『報道ステーション』で「菅官房長官をはじめ官邸のみなさんにものすごいバッシングを受けてきました」などと発言したことについて「全くの事実無根だ」と強調した。その上で「公共の電波を使った事実に全く反するコメントで、極めて不適切だと思っている」と述べた。

31日　ＮＨＫの2015年度予算は参院本会議で、自民、公明両党と次世代の党などの賛成多数により可決、承認された。民主党や維新の党は、籾井勝人ＮＨＫ会長の私的ハイヤー代金請求問題などを理由に反対。衆院に続き、参院でも2年連続で慣例の全会一致が崩れた。

4月――――――――――――――――

5日　翁長雄志知事は、那覇市内のホ

テルで就任後初めて、菅義偉官房長官と会談した。両者は普天間飛行場の返還問題で主張を述べ合い、知事は「辺野古の新基地は絶対に建設できないと確信を持っている」と県内移設断念を求めた。これに対して菅氏は「辺野古移設は唯一の解決策」「移設の断念は普天間の固定化にもつながる」と従来の二者択一論を強調し、平行線をたどった。

17日　自民党の情報通信戦略調査会（会長・川崎二郎元厚生労働相）は報道番組でやらせが指摘されたＮＨＫと、コメンテーターが官邸批判をしたテレビ朝日の関係者から党本部で事情を聴いた。

17日　安倍晋三首相は、沖縄県の翁長雄志知事と首相官邸で会談した。首相は米軍普天間飛行場（同県宜野湾市）の名護市辺野古移設について「唯一の解決策だ」と表明。これに対して翁長氏は、「（沖縄で昨年行われた知事選など）全ての選挙で、辺野古移設反対の圧倒的な民意が示された」と述べ、作業の中止を求めた。

22日　テレビの報道番組をめぐり自民党が放送倫理・番組向上機構（ＢＰＯ）の在り方に言及していることを受け、ＮＨＫの板野裕爾放送総局長は定例会見で「ＢＰＯはたいへん重要な組織だと認識している。ＢＰＯの意義は、放送倫理や人権侵害の問題を自律的に調べてきたことだ」と述べた。

５月――――――――――――――――

４日　欧米を中心とする日本研究者187人が安倍晋三首相に、日本の過去の過ちを率直に認めるよう求める声明を送付した。戦後70年談話を念頭に「過去の植民地支配と侵略の問題に立ち向かう絶好の機会」と指摘し、「可能な限り完全で、偏見のない（過去の）清算をともに残そう」と呼び掛けている。

14日　安倍政権は、戦争中の他国軍を後方支援する新たな恒久法案と、集団的自衛権を行使できるようにする武力攻撃事態法改正案など安全保障法制の関連11法案を臨時閣議で決定した。

21日　自民党情報通信戦略調査会は役員会で、ＮＨＫ『クローズアップ現代』で「やらせ」があったと指摘された問題について堂元光副会長から説明を受けた。堂元氏は「『やらせ』はないが『過剰な演出』や『視聴者に誤解を与える編集』が行われていた」とする調査委員会の最終報告を説明。議員から「実質的に虚偽報道だ」「恥ずかしくないのか」などの意見が出たという。

28日　新たな安全保障関連法案を審議する28日の衆院特別委員会で、安倍晋三首相が質問者に「早く質問しろよ」とヤジを飛ばし、審議が一時中断した。首相は２月にも野党議員をやじって陳謝しており、国政の最高権力者としての振るまいが改めて問われている。

６月――――――――――――――――

４日　衆院憲法審査会で、自民党など

各党の推薦で参考人招致された憲法学者３人が、集団的自衛権を行使可能にする新たな安全保障関連法案について、いずれも「憲法違反」との見解を示した。参考人質疑に出席したのは、自民推薦の長谷部恭男・早大教授、民主党推薦の小林節・慶大名誉教授、維新の党推薦の笹田栄司・早大教授の３人。

10日　防衛省の内局官僚（背広組）が自衛官（制服組）より優位としてきた規定を改め、両者を対等とすることを柱とする改正防衛省設置法が参院本会議で採決され、与党と維新の党などの賛成多数で可決、成立した。

12日　民放連の井上弘会長は記者会見で、『報道ステーション』の内容をめぐり自民党がテレビ朝日の幹部を事情聴取した問題で「個々の番組について政党が放送事業者を呼ぶのは行き過ぎだ。公の場で番組問題を説明する場合は、個別社ではなく民放連で対応したい」と述べた。

22日　政府は特定秘密保護法の運用状況をまとめた初の報告書を閣議決定した。対象期間は法施行日の昨年12月10日から同月末までの22日間のみで、特定秘密の指定件数は防衛省など10機関の382件にとどまった。

25日　安倍政権と考え方が近い文化人を通し、発信力の強化を目指そうと、安倍晋三首相に近い若手議員が立ち上げた勉強会「文化芸術懇話会」（代表＝木原稔・党青年局長）の初会合が自民党本部であった。出席者によると、議員からは「マスコミを懲らしめるには広告料収入がなくなるのが一番。経団連に働きかけて欲しい」「悪影響を与えている番組を発表し、そのスポンサーを列挙すればいい」など、政権に批判的な報道を規制すべきだという意見が出た。初会合には37人が参加した。官邸からは加藤勝信官房副長官が出席し、講師役に首相と親しい作家の百田尚樹氏が招かれ、「沖縄の二つの新聞社は絶対つぶさなあかん」などと述べた。

29日　自民党議員らによる発言について日本新聞協会編集委員会は「憲法21条で保障された表現の自由をないがしろにした発言は、報道の自由を否定しかねないもので到底看過できず、強く抗議する」との声明を公表した。日本民間放送連盟の井上弘会長も「言論・表現の自由を基盤とする民主主義社会を否定するものであって容認しがたい」「日本の民主政治のレベルを誤解させかねない事態である」とのコメントを発表。日本記者クラブも声明を出した。

７月――――――――――

２日　自民党議員による勉強会で「つぶさなあかん」などと威圧的な発言を受けた沖縄タイムスと琉球新報の編集局長が、日本記者クラブで会見した。両氏は基地問題や地元メディアへの誤った認識がある

と指摘し、「事実に基づかない誹謗、中傷は看過できない」と述べた。

2日　自民報道圧力問題で県議会6月定例会本会議で、与党が提案した報道機関への言論圧力と県民侮辱の発言に抗議し、発言の撤回と県民への謝罪を求める決議を賛成多数で可決した。決議では同問題について「報道機関だけでなく、県民をも侮辱するもので看過できない」と批判している。

10日　自民党が、安全保障関連法案について、TBSのアンケートに答えないよう党国会議員に指示を出していたことが分かった。アンケートは自民議員を対象に配布。与党がめざす今月中旬の衆院採決が妥当か▽国民の理解が十分得られているか▽法案は「違憲」だと思うか——を選択式で問い、最後に安保法案の必要性についての意見を自由記述で求めている。このアンケートについて、棚橋泰文幹事長代理の指示を受けた党職員が「微妙な時期ですから、答えないようにしてください」と各議員の事務所に連絡したという。

15日　NHKは、安全保障関連法案の審議が行われた衆院平和安全法制特別委員会の質疑の模様を生中継しなかった。採決の様子は正午のニュースを延長して伝えた。NHKは委員会中継について「国民的な関心が高い重要案件を扱う委員会の質疑であることや、各会派が一致して委員会の開催に合意することなどを適宜、総合的に判断して放送している」と説明。

21日　安倍晋三首相は、安全保障関連法案の必要性を訴えるため、BS日テレの番組に出演した。首相は20日もフジテレビの番組で法案内容を詳述。個別法案の説明のため、首相自らが連日テレビに登場するのは異例。

30日　自民党の大西英男衆院議員は党本部での原子力政策に関する会合で、原発に批判的なテレビのコメンテーターらに関し「個別にどんどん正確な知識を知らせていくべきだ。各個撃破でいいからぜひ行って、皆さんの持っている知識を知らしめてください」と資源エネルギー庁の幹部らに求めた。

8月——————————

11日　九州電力は午前10時半、川内原発1号機（鹿児島県薩摩川内市）の原子炉を起動し、再稼働させた。東日本大震災後の新規制基準下で初めての再稼働で、約2年続いた「原発ゼロ」が終わった。

14日　安倍内閣は、戦後70年の首相談話（安倍談話）を閣議決定した。戦後50年の村山談話、60年の小泉談話に盛り込まれた「植民地支配」「侵略」「痛切な反省」「心からのおわび」といった文言を使う一方で、歴代内閣の方針を引用するなど間接的な表現が目立ち、首相自身の歴史認識は見えにくい内容となった。

30日　参院で審議中の安全保障関連法案に反対する市民による抗議行動

が30日、東京・永田町の国会議事堂前や周辺を埋めた。主催者発表によると、参加者は12万人で、安保法案をめぐる抗議行動では最大。参加者が歩道からあふれて、警察側が車道を開放した。

9月――――――――――――――

6日　安倍晋三首相が4日の参院平和安全法制特別委員会の審議中、大阪市で読売テレビの番組に出演していたことについて、民主党の大野元裕参院議員はNHK番組で「首相は時間がないから（審議に）出られないと言っていたのに大阪まで行ってテレビに出た。これでは真摯に説明する態度には見えない」と批判した。これに対し、自民党の佐藤正久参院議員は「与野党の合意で首相の（4日の審議への）出席は求めていなかった。法案の理解を得るためテレビを使ったのだろう」と釈明。

19日　安全保障関連法が参院本会議で自民、公明両党などの賛成多数で可決され、成立した。民主党など野党5党は18日、安倍内閣不信任決議案の提出などで採決に抵抗したが、自民、公明両党は否決して押し切った。

24日　放送のあり方について議論する自民党の「放送法の改正に関する小委員会」（佐藤勉小委員長）はNHK受信料の支払いを義務化することも視野に入れた提言書をまとめた。

10月――――――――――――――

27日　安全保障関連法案をめぐるNHKの報道や番組について、同法成立直前の9月16日から18日にかけて視聴者から同局に計9655件の反響が寄せられ、うち62％が「公平に放送してほしい」といった厳しい意見だったと、NHK経営委員会後に浜田健一郎委員長が明らかにした。

11月――――――――――――――

6日　昨年5月にNHK『クローズアップ現代』で放送された「出家詐欺」報道の過剰演出問題で、放送倫理・番組向上機構（BPO）の放送倫理検証委は意見書を発表。番組について「重大な放送倫理違反があった」と指摘する一方、この問題で高市早苗総務相がNHKを厳重注意したことや、自民党がNHK幹部を呼んで説明をさせたことを厳しく批判。同委が国や与党に異議を表明するのは初めて。

10日　高市早苗総務相は記者会見で、NHKの報道番組でやらせがあったとされる問題をめぐり、総務省による厳重注意を「極めて遺憾」と批判した放送倫理・番組向上機構（BPO）の放送倫理検証委に重ねて反論。放送法との関連に言及し「抵触する点があったと認められたため、所管する立場から必要な対応を行った」と強調。

18日　「特定秘密保護法は憲法に違反している」としてフリーランスのジャーナリストら43人が違憲無効の確認や慰謝料などを求めて国を訴えた裁判で、東京地裁の谷口豊裁判長は「具体的に権利侵害され

ていないので、憲法違反の判断ができない」「原告らの取材活動がこれまでより困難になったと認められない」として、原告の請求を棄却する判決を下した。

19日　国連人権理事会で表現の自由を担当しているデビッド・ケイ特別報告者（米カリフォルニア大教授）が、来月１日からの訪日調査を日本政府の意向で延期したと明らかにした。

12月――――――――――

20日　安全保障関連法の廃止を訴える学生団体「SEALDs」など５つの市民団体が、来年夏の参院選で野党系候補を支援する「市民連合」を設立した。安保法廃止を旗印に、安倍政権に対抗し得る野党勢力の結集を促す。正式名称は「安保法制の廃止と立憲主義の回復を求める市民連合」。SEALDsや「安全保障関連法に反対する学者の会」など５団体の代表者が東京都内で記者会見し、設立を発表した。

24日　テレビ朝日は『報道ステーション』の古舘伊知郎キャスター（61）が、来年３月31日の放送をもって降板することを発表した。同キャスターから「現在の契約が終了する来年３月いっぱいで出演を終了したい」と申し入れがあり、テレビ朝日側は契約更新を打診して慰留したが、最終的には「新しいジャンルに挑戦したい」という本人の意思を尊重したという。

28日　日韓両政府はソウルで外相会談を開き、慰安婦問題を決着させることで合意した。日本政府が軍の関与や政府の責任を認め、元慰安婦支援で韓国政府が新たに設立する財団に日本から10億円を拠出すると表明。日韓双方が、この枠組みを「最終的かつ不可逆的解決」とすることを確認した。

▼2016年

１月――――――――――

8日　ＮＨＫの報道番組「クローズアップ現代」の国谷裕子キャスターが降板することがわかった。出演は３月までで、４月以降は現在月～木曜の午後７時30分からの放送時間を午後10時に移し、番組名も『クローズアップ現代＋（プラス）』にするという。

８日　テレビ朝日は『報道ステーション』の４月からのメインキャスターに同局の富川悠太アナウンサーが決まったと発表した。

15日　ＴＢＳは、毎日新聞特別編集委員の岸井成格さんが報道番組『NEWS23』のアンカーを３月末で降板し、新たに岸井さんと同局専属のスペシャルコメンテーターとして契約を結ぶと発表した。

21日　高市早苗総務相は、ＮＨＫの2016年度予算案に「子会社の在り方をゼロベースで見直す改革を早急に実施すること」などを求める意見を付ける方針を決めた、と報道。子会社については昨年12月、東京都内で約350億円の不透明な用地取得計画が発覚するなど不祥事が相次いでいた。

21日　安倍晋三首相は21日午前の参院決算委員会で、憲法改正について「いよいよどの条項を改正するかという新たな現実的な段階に議論も移ってきた」と述べ、強い意欲を示した。

26日　ＴＢＳは『NEWS23』の今春からのキャスターに朝日新聞社特別編集委員の星浩さん（60）を起用すると発表。

27日　自民党の秋葉賢也衆院議員（宮城２区）はＢＳ日テレの報道番組『深層NEWS』への出演を取りやめた。この日のテーマは「政治とカネ」で、『週刊文春』で報じられた甘利明経済再生相の金銭授受疑惑についても取り上げた。西村康稔衆院議員（兵庫９区）も29日に同じ番組への出演が決まっていたが、同様の指示により見送ることになったという。

28日　甘利明経済再生担当相（66）＝衆院神奈川13区＝は、自身や秘書が千葉県の建設会社から口利きを依頼されて、現金を受け取ったとする『週刊文春』の報道を受けて記者会見し、閣僚を辞任する意向を表明した。

２月――――――――――――――

２日　自民党は総務会で、ＮＨＫの2016年度予算案の了承を見送った。職員によるタクシー券不正使用や子会社社員の着服問題など不祥事への対応について説明が不十分だと批判が噴出したためだ。先月29日に続く２度の了承見送りは異例。

８日　高市早苗総務相は衆院予算委で、放送局が政治的な公平性を欠く放送を繰り返したと判断した場合、放送法４条違反を理由に、電波法76条に基づいて電波停止を命じる可能性に言及した。

９日　高市早苗総務相は衆院予算委で、放送局が政治的な公平性を欠く放送法違反を繰り返した場合、電波法に基づき電波停止を命じる可能性に再び言及した。電波停止について「極めて限定的な状況のみで行う」として将来的に罰則を適用することを否定しなかった。

９日　ＮＨＫは、塚田祐之、吉国浩二の両専務理事が任期満了に伴い17日付で退任すると発表した。２人は籾井勝人会長就任前の2010年２月に理事に就任し、12年４月に専務理事に昇格した。関係者によると、２人は14年４月と15年４月の２回にわたり、籾井会長に辞任を迫られ、２回とも拒否した。そのため籾井会長は昨春、２人が担当してきた経営企画や人事・労務を別の理事に任せ、担務の割り振りで側近か否かを色分けした。

10日　安倍晋三首相は衆院予算委員会で、放送局が政治的な公平性を欠く放送を繰り返したと判断した場合に電波停止を命じる可能性に触れた高市早苗総務相について「法令について従来通りの一般論を答えた」と述べ、答弁を追認した。

17日　ＮＨＫの板野裕爾放送総局長は定例会見で、高市早苗総務相が放送法違反を繰り返した放送局への

電波停止を命じる可能性に言及したことについて「国民の知る権利に応えるため、放送法の精神に則り、公平公正に自らを厳しく律して放送にあたる姿勢に変わりない」と話した。

24日　ＴＢＳの武田信二社長は定例会見で「放送法に沿って、放送局は自主自律の放送を行う。電波停止命令が出ることはあってはならない」と、放送の政治的公平性を局の判断で確保していく姿勢を改めて示した。

28日　ＮＨＫの籾井勝人会長は、総合テレビの『ＮＨＫとっておきサンデー』に番組終盤で約８分間出演し、冒頭と最後に計２回頭を下げて謝った。番組では子会社ＮＨＫアイテック社員による約２億円の着服や、アナウンサーによる危険ドラッグの製造・所持などの不祥事とその処分、再発防止策を紹介。

29日　放送法を巡る高市総務相の発言を巡り、田原総一朗さんや鳥越俊太郎さんらテレビのキャスターなどを務めるジャーナリスト６人が東京都内で記者会見し「『電波停止』発言は憲法、放送法の精神に反している」などとするアピール文を発表。

29日　高市早苗総務相は衆院予算委で、放送法４条に基づく電波停止について極めて慎重な配慮が必要だとしつつ「一つ一つの番組の集合体が番組全体なので、一つ一つを見ることも重要だ」と述べ、放送局が政治的に公平性を欠く放送を繰り返したかの判断は、個々の番組の内容が要素になるとの考えを改めて示した。

３月――――――――――――――

１日　高市早苗総務相による放送局への「停波」発言をめぐりジャーナリストが批判声明を出したことについて、高市氏は衆院総務委で「色々な意見があるのだなあと感じさせて頂いた」と感想を述べた。一方、高市氏は政治的な公平性を欠く放送を繰り返したと判断した際、放送法４条違反を理由に放送局に電波停止を命じる可能性について「法律に規定されたものは誠実に執行するのが内閣の役割」と改めて主張。「放送法や電波法に限らず、必要があれば誠実に執行するのが内閣の役割だ」とした。

１日　高市早苗総務相に公開質問状を送った民放労連は高市氏からの回答を公開した。高市氏は国会答弁を引用、４条は法規範性を有し、憲法との関係においても問題ないといった考えを改めて示した。民放労連は「国会答弁のおうむ返しで回答になっていない」と抗議、再回答を求めた。

２日　高市早苗総務相が放送法違反を理由に放送局へ「停波」を命じる可能性に言及したことについて憲法学者らが都内で記者会見し、「政治的公平」などを定めた放送法４条を根拠に処分を行うことは憲法違反にあたるとする見解を発表した。

３日　高市早苗総務相が、政治的公平

性を欠く放送を繰り返したと判断した際に放送法４条違反を理由に放送局に停波を命じる可能性に言及したことについて、ＮＨＫの籾井勝人会長は定例会見で「国民の知る権利に応えるため、放送法に則って公平公正、不偏不党、何人からも規律されず放送にあたっていきたい」と話した。

４日　政府は、米軍普天間飛行場（沖縄県宜野湾市）の同県名護市辺野古への移設を巡る代執行訴訟について、国が訴訟を取り下げて移設工事を中止する福岡高裁那覇支部の和解案を受け入れることを決めた。

７日　国連女子差別撤廃委員会は、対日審査の最終見解を発表し、慰安婦問題の「最終的かつ不可逆的」な解決を確認した昨年12月の日韓合意は「被害者中心の対応」が徹底されていないとして遺憾の意を表明した。合意の履行に当たっては「被害者の立場を十分考慮」し、補償などに取り組むよう促した。